新汉语水平考试真题集

HSK（三级）2012版

国家汉办/孔子学院总部　编制

商务印书馆
2012年·北京

《新汉语水平考试（HSK）真题集》编委会

前　言

2009年11月，新汉语水平考试（HSK）正式实施。两年来，考生数量有了很大增长，2010年，新HSK考生数量为123977人，2011年为179592人，增长幅度达45%。新HSK更好地适应了海外汉语学习者的实际水平，激发了更多考生继续学习汉语的热情，对推动汉语国际推广工作起到了积极的作用。

以孔子学院在世界各地落地生根为标志，全球范围的“汉语热”持续升温，汉语考试规模迅速扩大，这吸引了无数眼球，众多机构急于参与其中。2009年5月，国家语委委托天津市语言文字培训测试中心研发的“汉语口语水平测试（HKC）”开始组织实施；2011年7月，教育部考试中心宣布推出“汉语能力测试（HNC）”；2011年10月，国务院侨办发布信息，决定研制针对海外华裔青少年的“华文水平测试系统”，争取2013年开始在海外测试；2012年2月，上海市教委表示，上海将推进面向在沪外籍人士的“实用汉语能力测试”项目的研发工作，该项目有望年内推出。

短短几年时间，汉语考试领域出现了这么多新面孔，意味着有更多的力量投入到了汉语国际推广事业的洪流中来，它必将推动新HSK向着质量更高、服务更好的方向发展。我们相信，只有在竞争的环境下，在背负市场压力的情况下，新HSK才能获得真正的发展动力，才能永保其用户至上、不断创新的进取精神。只有这样，新HSK才能与考生、考试用户成为共同的赢家。此为正道。

今后，新HSK除了进一步加强自身研发、考务实施、市场推广及考试培训等能力外，还将不断地广泛调研国内外同类汉语考试，知己知彼，取长补短，提升新HSK的竞争优势，更好地服务全球汉语学习者及各类考试用户。

为进一步满足新HSK考生备考的需求，我们继2010年出版《新汉语水平考试真题集》后，于2012年推出《新汉语水平考试真题集2012版》。此套真题集共7册（含口试），每册包含相应等级的5套最新真题。

编　者

2012年2月14日

目 录

国家汉办/孔子学院总部
Hanban/Confucius Institute Headquarters

新汉语水平考试

HSK（三级）

H31113

注　意

一、HSK（三级）分三部分：

1．听力（40 题，约 35 分钟）

2．阅读（30 题，30 分钟）

3．书写（10 题，15 分钟）

二、**听力结束后，有 5 分钟填写答题卡。**

三、全部考试约 90 分钟（含考生填写个人信息时间 5 分钟）。

中国　北京　　　　国家汉办/孔子学院总部　编制

一、听力

第一部分

第 1-5 题

A 

B 

C 

D 

E 

F 

例如：男：喂，请问张经理在吗？

女：他正在开会，您半个小时以后再打，好吗？ D

1. □

2. □

3. □

4. □

5. □

第 6-10 题

A 

B 

C 

D 

E 

6. □

7. □

8. □

9. □

10. □

第二部分

第 11-20 题

例如：为了让自己更健康，他每天都花一个小时去锻炼身体。

★ 他希望自己很健康。（ √ ）

今天我想早点儿回家。看了看手表，才 5 点。过了一会儿再看表，还是 5 点，我这才发现我的手表不走了。

★ 那块儿手表不是他的。（ × ）

11．★ 他家附近有树。（　　）

12．★ 问题终于解决了。（　　）

13．★ 弟弟准备搬家。（　　）

14．★ 桌子和椅子太旧了。（　　）

15．★ 他最喜欢北京的春天。（　　）

16．★ 爱有很多种。（　　）

17．★ 叔叔觉得这本书很一般。（　　）

18．★ 他经常去电影院看电影。（　　）

19．★ 她每天晚上喝一杯果汁。（　　）

20．★ 快乐很简单。（　　）

第三部分

第 21-30 题

例如：男：小王，帮我开一下门，好吗？谢谢！

女：没问题。您去超市了？买了这么多东西。

问：男的想让小王做什么？

A 开门 ✓　　B 拿东西　　C 去超市买东西

21. A 教室　　B 商店　　C 饭馆儿

22. A 她生病了　　B 冰箱坏了　　C 家里来客人了

23. A 在电脑里　　B 在字典上　　C 他不知道

24. A 牙疼　　B 感冒了　　C 声音很低

25. A 小鸟　　B 小猫　　C 小狗

26. A 太短了　　B 先别买　　C 有点儿贵

27. A 节日　　B 旅游　　C 新闻

28. A 打车　　B 骑自行车　　C 坐公共汽车

29. A 刷牙了　　B 在洗盘子　　C 想吃苹果

30. A 很生气　　B 会跳舞　　C 没听懂问题

第四部分

第 31-40 题

例如：女：晚饭做好了，准备吃饭了。

男：等一会儿，比赛还有三分钟就结束了。

女：快点儿吧，一起吃，菜冷了就不好吃了。

男：你先吃，我马上就看完了。

问：男的在做什么？

A 洗澡　　B 吃饭　　C 看电视 ✓

31\. A 瘦一点儿　　B 胖一点儿　　C 聪明一点儿

32\. A 正在上网　　B 最近比较忙　　C 爱吃面条儿

33\. A 天热了　　B 要去动物园　　C 要举行舞会

34\. A 很难　　B 很奇怪　　C 比较容易

35\. A 洗头发　　B 买机票　　C 买空调

36\. A 左边的　　B 右边的　　C 中间的

37\. A 腿疼　　B 脚好些了　　C 不认识男的

38\. A 5 元　　B 10 元　　C 15 元

39\. A 银行　　B 图书馆　　C 火车站

40\. A 认错人了　　B 不敢去花园　　C 不想踢足球

二、阅 读

第 一 部 分

第 41-45 题

A 今天上午的比赛你去看了？

B 小关，你到 604 房间看一下。

C 你有没有看见小黄？这是他的信。

D 姐，我的护照在你的包里吗？

E 当然。我们先坐公共汽车，然后换地铁。

F 你来看看世界地图就知道了。

例如：你知道怎么去那儿吗？ （ E ）

41．有位客人的眼镜忘在那儿了。 （ ）

42．不到 20 分钟，就踢进两个球。 （ ）

43．奶奶，中国在我们的东边还是西边？ （ ）

44．没有啊。你是不是把它放行李箱了？ （ ）

45．他有点儿不舒服，今天没来上班。 （ ）

第 46-50 题

A 我们是去爬山，所以你应该穿一双运动鞋。

B 你出去的时候记得带上伞，伞在门口放着。

C 你的脸怎么这么红？发烧了？

D 他的车在路上坏了。

E 对不起，这个题我还是不太清楚应该怎么做。

46. 你昨天下午怎么又迟到了？ （ ）

47. 我还以为你听明白了呢，那我再给你讲一次。 （ ）

48. 好的，我吃完面包就去换，你等我一下。 （ ）

49. 不下雪了吧？天已经晴了。 （ ）

50. 不是，我刚才喝了点儿葡萄酒。 （ ）

第二部分

第 51-55 题

A 还　　B 饱　　C 重要　　D 锻炼　　E 声音　　F 城市

例如：她说话的（　E　）多好听啊！

51．向先生把借的钱都（　　）了。

52．爷爷每天早上都去公园跑步，（　　）身体。

53．我只去过北方的几个（　　），没去过南方。

54．你吃（　　）了吗？要不要再来一碗米饭？

55．这个会议非常（　　），你还是去听听吧。

第 56-60 题

A 地方　　B 辆　　C 年轻　　D 爱好　　E 放心　　F 一定

例如：A：你有什么（　D　）？

　　B：我喜欢体育。

56．A：你女儿长得越来越像你了。

　　B：是，但她比我（　　）时更漂亮。

57．A：这个（　　）除了冬天太冷外，别的没什么。

　　B：谢谢你，时间长了，我就会习惯的。

58．A：明天一共有 8 个人去机场。

　　B：那我们需要两（　　）车。

59．A：如果你的成绩提高了，我就送你一个照相机。

　　B：真的吗？那我（　　）努力。

60．A：节目 4 点半开始，你们快一点儿。

　　B：（　　）吧，我们马上就到了。

第三部分

第 61-70 题

例如：您是来参加今天会议的吗？您来早了一点儿，现在才 8 点半。您先进来坐吧。

★ 会议最可能几点开始？

A 8 点　　B 8 点半　　C 9 点 ✓

61．5 年前，他就在这家公司上班，每天都做着相同的工作。现在，他打算换个新的工作。

★ 他打算：

A 自己开公司　　B 找个新工作　　C 休息一段时间

62．她在我们学校很有名。她汉语水平很高，普通话说得几乎和中国人一样。

★ 关于她，可以知道什么？

A 汉语好极了　　B 总是第一名　　C 现在读一年级

63．我今年 27 岁，还没结婚，也没有男朋友。大家都很关心我，为我介绍男朋友。见了几个人，我都不喜欢。但是，我不着急，我相信爱我的和我爱的那个人一定会出现。

★ 根据这段话，可以知道她：

A 喜欢安静　　B 还没男朋友　　C 对邻居很热情

64．我特别希望丈夫能少一些会议，多一些休息，可以经常和我还有孩子在一起，不用周末的时候还要去公司。

★ 她丈夫最可能是：

A 校长　　B 医生　　C 经理

65．请大家用黑板上的这 5 个词，写一个小故事，要求不少于 100 字。注意，这 5 个词必须都用上。

★ 写这个故事有什么要求？

A 1 号前完成　　B 5 个词都要用　　C 必须有 5 个句子

66．最近，我发现 6 个月大的儿子对音乐很有兴趣。他哭的时候，如果让他听音乐，他马上就不哭了，或者唱歌给他听，他也很快就会安静下来。

★ 她认为，儿子：

A 喜欢音乐　　B 喜欢表演　　C 声音很好听

67．我们要学着自己解决问题，不能什么事情都请别人帮忙，因为有些事情只能自己去选择和决定。

★ 根据这段话，我们应该：

A 忘记过去　　B 相信同事　　C 自己想办法

68．来到一个新环境，你会觉得什么都很新鲜，但经过一段时间，你就会慢慢习惯了，每个人都是这样的。

★ 来到一个新的环境，人们会：

A 觉得害怕　　B 觉得很新鲜　　C 变得很小心

69．饿了就吃饭，渴了就喝水，累了就睡觉，高兴了就笑，难过了就哭。其实，别人怎么想真的没有多大关系，做你自己喜欢的事情就好。

★ 这段话主要想告诉我们：

A 别错过机会　　B 要关心别人　　C 做自己想做的事

70．不同的国家有不同的文化。有些国家的人名是姓在前面，名字在后面。还有些国家是名字在前面，姓在后面。

★ 根据这段话，姓名：

A 和爱好有关　　B 也是一种文化　　C 可以表示很多意思

三、书 写

第一部分

第 71-75 题

例如：小船　　上　　一　　河　　条　　有

河上有一条小船。

71．月亮　　大　　太阳　　比

72．万小姐　　很满意　　对　　这个宾馆

73．菜单　　服务员　　把　　拿走了

74．刮跑了　　哥哥的报纸　　被　　风

75．那家　　超市的　　又便宜又好吃　　蛋糕

第二部分

第76-80题

例如：没（ guān 关 ）系，别难过，高兴点儿。

76．我的作业写完了，我想和同学们（ qù ）游泳。

77．熊猫的眼睛、鼻（ zi ）和耳朵都是黑色的。

78．我记得白老师的办公室在（ sān ）层。

79．我非常了解我妹妹，她是（ bú ）会同意的。

80．夏阿姨把厨房打扫得很（ gān ）净。

H31113 卷听力材料

（音乐，30 秒，渐弱）

大家好！欢迎参加 HSK（三级）考试。
大家好！欢迎参加 HSK（三级）考试。
大家好！欢迎参加 HSK（三级）考试。

HSK（三级）听力考试分四部分，共 40 题。
请大家注意，听力考试现在开始。

第一部分

一共 10 个题，每题听两次。

例如：男：喂，请问张经理在吗？
女：他正在开会，您半个小时以后再打，好吗？

现在开始第 1 到 5 题：

1．女：都九点一刻了，你怎么还不起床？
男：星期天又不上班，你也不让我多睡一会儿。

2．男：你们班的人呢？都去哪儿了？
女：今天下午有篮球比赛，他们都去看球赛了。

3．女：我的练习题还没做完，你有铅笔吗？借我用一下？
男：在那儿，你自己拿吧。

4．男：现在我们开始做蛋糕，先放鸡蛋，然后再放牛奶。
女：那什么时候放糖呢？

5．女：祝你生日快乐！这是我送给你的礼物，希望你能喜欢。
男：谢谢你，谢谢你的礼物。

现在开始第 6 到 10 题：

6．男：一共是八十七块六角五分。
女：好的，给你。

7. 女：这是什么茶？很好喝。
   男：我也不知道，一个朋友送的。

8. 男：我来帮你拿，外面是不是天阴了？
   女：我离开商店的时候天就阴了，现在已经下雨了。

9. 女：十五号早上我打电话叫你。
   男：好，那我们十五号见，再见。

10. 男：都几点了，你怎么还在学习啊？
    女：明天要考试，所以我要复习复习。

第二部分

一共 10 个题，每题听两次。

例如：为了让自己更健康，他每天都花一个小时去锻炼身体。

★ 他希望自己很健康。

今天我想早点儿回家。看了看手表，才五点。过了一会儿再看表，还是五点，我这才发现我的手表不走了。

★ 那块儿手表不是他的。

现在开始第 11 题：

11. 我家附近有一条小河，河边有很多树，河里有很多鱼。欢迎你来我家玩儿。
    ★ 他家附近有树。

12. 这不是打电话或者写电子邮件就能解决的问题，我们还是见面再说吧。我在公司旁边那个咖啡店等你。
    ★ 问题终于解决了。

13. 弟弟打算下个星期日搬家。他新找的房子离地铁站很近，不到一千米，走路十几分钟就到了，非常方便。
    ★ 弟弟准备搬家。

14. 我们需要新的桌子和椅子，这些太旧了。你什么时候有时间跟我一起去看看？
    ★ 桌子和椅子太旧了。

15. 我最喜欢北京的秋天，蓝天，白云，天气不冷也不热。
    ★ 他最喜欢北京的春天。

16. 爱可以是爸爸妈妈对孩子的照顾，可以是丈夫对妻子的关心，也可以是你对朋友的帮助。
★ 爱有很多种。

17. 叔叔让我花时间认真地读一读这本书，他说书里的故事对他影响很大，希望我也能从中学到一些东西。
★ 叔叔觉得这本书很一般。

18. 我很少去电影院看电影，我更愿意在家里看电视，可以一边吃水果一边看，而且坐久了还可以站一会儿。
★ 他经常去电影院看电影。

19. 为了使自己更瘦一点儿，她每天晚上只吃一个香蕉，喝一杯牛奶。
★ 她每天晚上喝一杯果汁。

20. 快乐其实很简单。结束一天的工作以后，和家人一起吃晚饭，说说白天遇到的事情，这不就是快乐吗？
★ 快乐很简单。

第三部分

一共 10 个题，每题听两次。

例如：男：小王，帮我开一下门，好吗？谢谢！
女：没问题。您去超市了？买了这么多东西。
问：男的想让小王做什么？

现在开始第 21 题：

21. 女：李老师，教室里那个红色的帽子是您的吗？
男：不是，那是学生的。
问：那个帽子在哪儿？

22. 男：我刚才去洗手间了，你打电话有什么事吗？
女：家里来客人了，你下了班早点儿回来。
问：女的为什么让男的早点儿回去？

23. 女：我手机里的照片怎么没了？
男：我没动你的手机，你问问别人吧。
问：男的是什么意思？

24．男：我的牙还是很疼，中午吃的药没什么作用。
女：那我们一会儿去医院检查一下吧。
问：男的怎么了？

25．女：这个小狗是你画的吗？真可爱，是谁教你的啊？
男：没人教我，是我自己学的。
问：男的画的是什么？

26．男：你觉得这条裤子怎么样？
女：我记得你已经有两条这样的裤子了，再看看别的？
问：女的是什么意思？

27．女：这个季节去哪里旅游比较好？
男：当然是去南方，我们去年就是这个时候去的。
问：他们在说什么？

28．男：你住的地儿离这儿很远吧？
女：没关系，我坐出租车半个小时就回去了。
问：女的准备怎么回去？

29．女：今天买的西瓜很甜，你要不要来一块儿？
男：不吃了，我已经刷牙了。
问：男的为什么不吃西瓜？

30．男：请你来回答这个问题好吗？
女：对不起，我没听懂您刚才说的问题。
问：关于女的，可以知道什么？

第四部分

一共 10 个题，每题听两次。

例如：女：晚饭做好了，准备吃饭了。
男：等一会儿，比赛还有三分钟就结束了。
女：快点儿吧，一起吃，菜冷了就不好吃了。
男：你先吃，我马上就看完了。
问：男的在做什么？

现在开始第 31 题：

31．男：快五年了，你几乎没什么变化。
女：谁说的？我胖了，以前的衣服都不能穿了。
男：健康就好，胖瘦没关系。
女：我比较矮，还是瘦点儿好。
问：女的希望自己怎么样？

32．女：还差一双筷子，你去拿一下。
男：好。今天怎么做了这么多菜？
女：今天是爸爸的生日！
男：真的啊？我忙得把爸的生日也忘了。那我们今天喝点儿啤酒吧。
问：关于男的，可以知道什么？

33．男：你有没有觉得街道两边的树突然就绿了？
女：是，前几天地上的草还没有绿呢。
男：春天来了，天气一下子就变热了。
女：我看我应该把裙子找出来了。
问：女的为什么要找裙子？

34．女：我喜欢汉语课、历史课、体育课，不喜欢数学课。
男：为什么？数学也很有意思啊。
女：有意思吗？我觉得很难。
男：别担心，我可以帮助你。
问：女的认为数学怎么样？

35．男：船票买好了吗？
女：坐船虽然便宜，但是太慢了，要十四个小时。
男：那我们还是坐飞机吧，你去买两张机票，明天上午的。
女：好的，我现在就去。
问：女的要去做什么？

36．女：你今天穿哪件衬衫？
男：就左边这件新的吧，上午要参加个会。
女：这件颜色好看吗？
男：那穿中间这件吧，这件也可以。
问：男的决定穿哪件衬衫？

37．男：电梯来了，您小心点儿。
女：谢谢你送我回来。
男：大家是邻居，您不用这么客气。您的脚现在怎么样？
女：好多了，谢谢你。
问：关于女的，可以知道什么？

38．女：羊肉怎么卖？
男：十五块一斤。
女：给我来五斤吧。
男：好。您还要别的吗？
问：羊肉多少钱一斤？

39．男：喂，是小张吗？
女：是我，马校长，您有什么事？
男：我明天十点要去火车站接个人。
女：好的，我知道了，我让司机明天十点前到楼下等您。
问：男的明天要去哪儿？

40．女：刚才你去后面的花园了？
男：没有，我一直在家里玩儿电子游戏。
女：那是我看错了，那个人真像你。
男：花园里没有灯，看错了也不奇怪。
问：女的怎么了？

听力考试现在结束。

H31113卷答案

一、听 力

第一部分

1. F	2. B	3. C	4. E	5. A
6. E	7. A	8. B	9. C	10. D

第二部分

11. √	12. ×	13. √	14. √	15. ×
16. √	17. ×	18. ×	19. ×	20. √

第三部分

21. A	22. C	23. C	24. A	25. C
26. B	27. B	28. A	29. A	30. C

第四部分

31. A	32. B	33. A	34. A	35. B
36. C	37. B	38. C	39. C	40. A

二、阅 读

第一部分

41. B	42. A	43. F	44. D	45. C
46. D	47. E	48. A	49. B	50. C

第二部分

51. A	52. D	53. F	54. B	55. C
56. C	57. A	58. B	59. F	60. E

第三部分

61. B	62. A	63. B	64. C	65. B
66. A	67. C	68. B	69. C	70. B

三、书 写

第一部分

71．太阳比月亮大。
72．万小姐对这个宾馆很满意。
73．服务员把菜单拿走了。
74．哥哥的报纸被风刮跑了。
75．那家超市的蛋糕又便宜又好吃。

第二部分

76．去
77．子
78．三
79．不
80．干

国家汉办/孔子学院总部
Hanban/Confucius Institute Headquarters

新汉语水平考试

HSK（三级）

H31114

注　意

一、HSK（三级）分三部分：

1．听力（40 题，约 35 分钟）

2．阅读（30 题，30 分钟）

3．书写（10 题，15 分钟）

二、**听力结束后，有 5 分钟填写答题卡。**

三、全部考试约 90 分钟（含考生填写个人信息时间 5 分钟）。

中国　北京　　　　国家汉办/孔子学院总部　编制

一、听 力

第一部分

第 1-5 题

A 

B 

C 

D 

E 

F 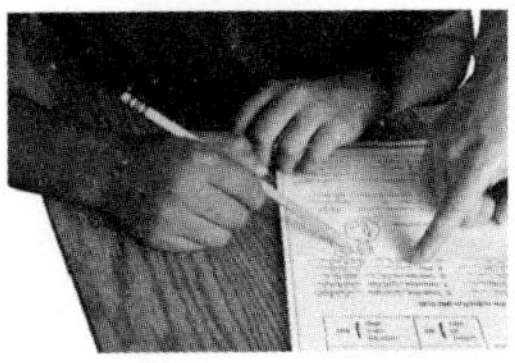

例如：男：喂，请问张经理在吗？

女：他正在开会，您半个小时以后再打，好吗？ [D]

1. [ ]

2. [ ]

3. [ ]

4. [ ]

5. [ ]

第 6-10 题

A 

B 

C 

D 

E 

6. □

7. □

8. □

9. □

10. □

第二部分

第 11-20 题

例如：为了让自己更健康，他每天都花一个小时去锻炼身体。

★ 他希望自己很健康。　　　　（ √ ）

今天我想早点儿回家。看了看手表，才 5 点。过了一会儿再看表，还是 5 点，我这才发现我的手表不走了。

★ 那块儿手表不是他的。　　　　（ × ）

11. ★ 他觉得这个电影一般。　　　　（　　）

12. ★ 公园里有苹果树。　　　　（　　）

13. ★ 年轻人要敢想敢做。　　　　（　　）

14. ★ 妻子今天没去跑步。　　　　（　　）

15. ★ 他在图书馆上班。　　　　（　　）

16. ★ 昨天女儿穿了条蓝裙子。　　　　（　　）

17. ★ 他手机里钱不多了。　　　　（　　）

18. ★ 啤酒在桌子上。　　　　（　　）

19. ★ 小高最近要考试。　　　　（　　）

20. ★ 他爱看报纸。　　　　（　　）

第三部分

第 21-30 题

例如：男：小王，帮我开一下门，好吗？谢谢！

女：没问题。您去超市了？买了这么多东西。

问：男的想让小王做什么？

A 开门 ✓　　B 拿东西　　C 去超市买东西

21. A 朋友　　B 学生　　C 服务员

22. A 下课了　　B 明白了　　C 再讲一次

23. A 是南方人　　B 不会骑车　　C 害怕开车

24. A 脚没好　　B 腿没好　　C 耳朵疼

25. A 没说清楚　　B 是为客人好　　C 很难解决问题

26. A 发烧了　　B 在开会　　C 打错电话了

27. A 商店　　B 教室　　C 游泳馆

28. A 想搬家　　B 有丈夫　　C 爱吃糖

29. A 很可爱　　B 很奇怪　　C 颜色不好看

30. A 同事　　B 司机和客人　　C 医生和病人

第四部分

第31-40题

例如：女：晚饭做好了，准备吃饭了。

男：等一会儿，比赛还有三分钟就结束了。

女：快点儿吧，一起吃，菜冷了就不好吃了。

男：你先吃，我马上就看完了。

问：男的在做什么？

A 洗澡　　B 吃饭　　C 看电视 ✓

31. A 照顾小狗　　B 打扫房间　　C 帮忙带东西

32. A 音乐课本　　B 动物世界　　C 历史课本

33. A 绿草　　B 白云　　C 小猫

34. A 很胖　　B 非常忙　　C 鼻子不舒服

35. A 要买房　　B 想换辆新车　　C 忘记带钱了

36. A 哭了　　B 要结婚了　　C 不愿意上班

37. A 鱼　　B 羊肉　　C 面条儿

38. A 爱唱歌　　B 有个哥哥　　C 喜欢讲故事

39. A 看表演　　B 买眼镜　　C 洗葡萄

40. A 7：45　　B 8：15　　C 8：30

二、阅 读

第 一 部 分

第 41-45 题

A 这个周末有时间吗？一起吃个饭吧？

B 马上，就差一个题了。

C 虽然是晴天，但外面刮风了，很冷，小心感冒。

D 您放心，6 班的水平和我们没法比。

E 当然。我们先坐公共汽车，然后换地铁。

F 如果饿了，就自己拿。

例如：你知道怎么去那儿吗？　　（ E ）

41．你的数学作业做完了吗？　　（　　）

42．明天的比赛你们必须拿第一。　　（　　）

43．没事，我经常锻炼，不会生病的。　　（　　）

44．厨房里有面包、蛋糕。　　（　　）

45．好啊，哪天？中午还是晚上？　　（　　）

第 46-50 题

A 可能忘办公室了吧？我和你回去看看吧。

B 天气这么热，当然是西瓜啊。

C 别担心，我们都很好，你自己也要注意身体。

D 是，她身高一米七，但只有 45 公斤。

E 是吗？我还以为她已经出国了呢。

46. 照片上的这个人是你阿姨？真瘦啊。 （ ）

47. 我记得把伞放进包里了，怎么找不到了？ （ ）

48. 我上午遇到小马了，她正要去办护照。 （ ）

49. 这个季节吃什么水果比较好？ （ ）

50. 奶奶，这段时间我比较忙，下个月再回去看您和爷爷吧。 （ ）

第 二 部 分

第 51-55 题

A 又　　B 其他　　C 超市　　D 表示　　E 声音　　F 应该

例如：她说话的（　E　）多好听啊！

51．我每天早上跑步的时候都会经过那个（　　　）。

52．在汉语中，（　　　）“看”的词语有很多。

53．爸，妈，你们（　　　）每年去检查一次身体。

54．如果没（　　　）问题，那就这么决定了。

55．天（　　　）阴了，一会儿可能要下雨。

第 56-60 题

A 复习　　B 渴　　C 节目　　D 爱好　　E 完成　　F 拿

例如：A：你有什么（　D　）？

B：我喜欢体育。

56．A：经理要求我们 7 点前（　　　），有问题吗？

B：没问题。

57．A：这个（　　　）特别好玩儿，你快来看。

B：等等，我先看看我的电子邮件。

58．A：你去叫出租车吧。

B：好，那边还有一个行李箱，你帮我（　　　）一下。

59．A：要不要吃点儿什么？

B：我不饿，谢谢。但我有点儿口（　　　），有水吗？

60．A：把牛奶喝了，去睡觉吧。

B：我想再看会儿书，（　　　）一下。

第三部分

第 61-70 题

例如：您是来参加今天会议的吗？您来早了一点儿，现在才 8 点半。您先进来坐吧。

★ 会议最可能几点开始？

A 8 点　　B 8 点半　　C 9 点 ✓

61．这条裤子是去年过生日时，我姐送我的生日礼物，穿了一次就没再穿，一直放在箱子里。

★ 这条裤子：

A 是黑色的　　B 没穿过几次　　C 是秋天买的

62．过去这儿有很多低矮的旧房子，但是现在都不见了，出现在我们眼前的是干净的街道和漂亮的花园，这个城市的变化真大。

★ 这个城市以前：

A 很有名　　B 特别安静　　C 有不少老房子

63．春节是中国最重要的节日，这一节日在中国有很长的历史了。以前，春节那天，大家都在家里，和家人在一起。近年来，人们在春节里有了新的选择——出门旅游。

★ 这段话主要讲：

A 春节的变化　　B 习惯的作用　　C 文化的影响

64．女儿从小就喜欢短头发，喜欢像男孩子一样踢足球。长大后，她慢慢地开始像个女孩子了。她学习一直很努力，成绩很好。

★ 女儿：

A 学习很认真　　B 没离开过家　　C 喜欢打篮球

65．那家宾馆环境还可以，而且就在火车站旁边，坐车很方便。怎么样？就住那儿吧？

★ 那家宾馆：

A 电梯坏了　　B 环境不错　　C 要举行会议

66．有些年轻人说现在工作越来越难找，问我怎样才能找到满意的工作。我想，最重要的是一定要根据自己的兴趣去找。

★ 他认为，好的工作：

A 是简单的　　B 能让人更聪明　　C 一定是自己喜欢的

67．上个月白菜卖一块八一斤，最近因为下雪，这个星期已经变成两块五了，比上个月贵了 7 角钱。

★ 根据这段话，可以知道：

A 天气不太好　　B 白菜便宜了　　C 买菜的人少了

68．说话时如果能多用一些“您好”“再见”“谢谢”“对不起”“没关系”“不客气”这样的词语，和别人的关系就会变得更好，做事情也会容易很多。

★ 多用上面这些词语，会：

A 让人难过　　B 有很大帮助　　C 提高普通话水平

69．在北京问路，北京人总是告诉我“向北”“向南”或者“向东”“向西”。但是我只知道“前、后、左、右”。

★ 向北京人问路，北京人：

A 不热情　　B 很高兴　　C 习惯说东西南北

70．“日久见人心”的意思是，认识时间短，对一个人不可能了解太多，只有在一起的时间长了，才能看出这个人怎么样。

★ 了解一个人，需要：

A 较长时间　　B 多关心他　　C 经常给他写信

三、书 写

第一部分

第 71-75 题

例如：小船　　上　　一　　河　　条　　有

　　河上有一条小船。

71. 身体　　祝　　您　　健康

72. 新鲜了　　这些香蕉　　不　　已经

73. 鞋　　这双　　多少　　钱

74. 经理　　走　　了　　生气　　地

75. 一共　　见过　　两次面　　我和夏小姐

第二部分

第76-80题

例如：没（ guān 关 ）系，别难过，高兴点儿。

76．吃饱了吗？要不要再来一碗（ mǐ ）饭？

77．你好，请（ wèn ）洗手间在哪儿？

78．我希望我弟弟每（ tiān ）都快快乐乐！

79．黄老师笑着回答：“我（ yě ）同意。”

80．我叔叔认识这（ ge ）学校的校长，他们是大学同学。

H31114卷听力材料

（音乐，30秒，渐弱）

大家好！欢迎参加HSK（三级）考试。
大家好！欢迎参加HSK（三级）考试。
大家好！欢迎参加HSK（三级）考试。

HSK（三级）听力考试分四部分，共40题。
请大家注意，听力考试现在开始。

第一部分

一共10个题，每题听两次。

例如：男：喂，请问张经理在吗？
女：他正在开会，您半个小时以后再打，好吗？

现在开始第1到5题：

1．女：真不敢相信，我一个星期就瘦了五斤。
男：真的吗？太好了。

2．男：现在刷牙的时候，牙还疼吗？
女：不疼了，但是吃冷的或者甜的东西时会疼。

3．女：请您把名字写在这儿，用铅笔写。
男：谢谢，姓要写在后面？

4．男：我的那件衣服您放哪儿了？
女：我在洗盘子，等一会儿给你拿。

5．女：黑板上的那个字怎么读？
男：我也不认识，我查一下字典，然后再告诉你。

现在开始第6到10题：

6．男：快一点儿，你在找什么书啊？
女：不找书，我找地图，地图被你放哪儿了？

7．女：你看看，只有半个小时了，快要迟到了。
男：你别着急，不会迟到的，走路十五分钟就到了。

8．男：你很喜欢照相？
女：是，它能使我发现很多以前没注意到的东西。

9．女：我马上就下班了，你们在哪儿呢？
男：我们就在火车站附近的那个茶馆儿，你上次来过。

10．男：这个句子中有个字写错了。
女：哪个写错了？我看看。

第二部分

一共 10 个题，每题听两次。

例如：为了让自己更健康，他每天都花一个小时去锻炼身体。
★ 他希望自己很健康。

今天我想早点儿回家。看了看手表，才五点。过了一会儿再看表，还是五点，我这才发现我的手表不走了。
★ 那块儿手表不是他的。

现在开始第 11 题：

11．我去年冬天在北京的时候就看过这个电影了，很有意思。你觉得呢？
★ 他觉得这个电影一般。

12．那个公园虽然离我们的楼很远，但是站在十四层向外看，可以看见公园里的那条小河，还有河边的苹果树。
★ 公园里有苹果树。

13．年轻人就应该敢想敢做，只有这样才能找到更多的机会。所以，如果你打算做，那就去做准备吧。
★ 年轻人要敢想敢做。

14．他不太喜欢运动，今天和妻子出去跑步，跑了不到一千五百米，就觉得很累。
★ 妻子今天没去跑步。

15．我二零零九年参加工作，在银行工作了两年以后，才来到这家公司。
★ 他在图书馆上班。

16. 昨天是六月一号，我们去学校看了女儿表演的节目，她穿着红色的裙子和同学们一起跳舞，漂亮极了。

★ 昨天女儿穿了条蓝裙子。

17. 喂，你知道我手机里还有多少钱吗？我刚才查了一下，手机里还有一元一角一分钱，三个一。

★ 他手机里钱不多了。

18. 你去把冰箱里的啤酒拿出来，我去洗几个杯子。如果你不想喝啤酒，那就拿些果汁。

★ 啤酒在桌子上。

19. 因为快考试了，小高这几天没有休息好，眼睛都快跟大熊猫的一样了。

★ 小高最近要考试。

20. 他几乎每天上午都会坐在中间那个椅子上看一会儿报纸，一边看报纸一边喝咖啡，发现有意思的新闻，他就会读给我们听。

★ 他爱看报纸。

第三部分

一共 10 个题，每题听两次。

例如：男：小王，帮我开一下门，好吗？谢谢！

女：没问题。您去超市了？买了这么多东西。

问：男的想让小王做什么？

现在开始第 21 题：

21. 女：先生，给您菜单，您现在点菜吗？

男：再等两分钟，我还有个朋友没到。

问：男的在等谁？

22. 男：您刚才讲的这几个练习题，我都没听懂。

女：没关系，我再教你一次。

问：女的是什么意思？

23. 女：你不会骑自行车？

男：是的，在我们那儿很少有机会骑。

问：关于男的，可以知道什么？

24. 男：你的腿还没好，这个周末别去爬山了。
女：好，那我就在家看看电视、上上网。
问：女的为什么不去爬山？

25. 女：我觉得这样做，客人是不会满意的。
男：那你有更好的办法来解决这个问题吗？
问：女的认为这个办法怎么样？

26. 男：你上午给我打电话的时候，我正在开会。有什么事吗？
女：对不起，是我不小心打错了。
问：关于女的，可以知道什么？

27. 女：你现在洗澡吗？要我帮你拿衣服吗？
男：妈，我不洗，我刚才游完泳以后已经洗过了。
问：男的刚才最可能去哪儿了？

28. 男：你和你丈夫是怎么认识的？
女：是别人介绍的，我有个朋友是他的邻居。
问：关于女的，可以知道什么？

29. 女：这个帽子真可爱，是给您儿子买的？
男：不是，是给我妹的孩子买的，后天是他的生日。
问：女的觉得这个帽子怎么样？

30. 男：会议结束后，你记得把空调和灯都关了。
女：好的，我知道了，明天见。
问：他们最可能是什么关系？

第四部分

一共 10 个题，每题听两次。

例如：女：晚饭做好了，准备吃饭了。
男：等一会儿，比赛还有三分钟就结束了。
女：快点儿吧，一起吃，菜冷了就不好吃了。
男：你先吃，我马上就看完了。
问：男的在做什么？

现在开始第 31 题：

31．男：您要回公司？
女：是，有什么事情吗？
男：您能帮我给老张带个东西吗？
女：当然可以。
问：男的想请女的做什么？

32．女：你让我看的那本书我终于看完了。
男：你说的是哪本？
女：六年级的历史课本。
男：怎么样？有什么问题没？
女：我没发现什么问题。
问：女的看的是哪本书？

33．男：这是你画的吗？
女：太阳和月亮是我画的，小鸟是妹妹画的。
男：真好看，画好了吗？
女：还没有，我想在这儿再画点儿绿草。
问：女的还准备画什么？

34．女：我不喜欢一直住在一个地方，我想去其他国家看一看。
男：我年轻的时候也这么想，但那时候没钱。
女：那你现在为什么不去？
男：钱不是问题了，但是现在没有时间。
问：男的现在怎么样？

35．男：老王，我打算买房子了，还差三万块钱，我想跟你借三万块。
女：没问题，你打算在哪儿买？
男：就在我们医院前面。我六月就可以还你钱。
女：好，我下午把钱给你。
问：男的为什么要借钱？

36．女：我下个月结婚，到时候欢迎你来。
男：什么？结婚？
女：突然吗？其实我和我男朋友认识已经五年了。
男：就是那天来公司接你的那位？
问：关于女的，可以知道什么？

37．男：你吃药了吗？
女：还没，我吃完饭再吃。
男：今天我们吃面条儿？
女：是，吃鸡蛋面。你来拿筷子吧，马上就好。
问：他们今天吃什么？

38. 女：穿白衬衫的这个人是你哥？他和你长得真像！
男：别人都这么说。
女：你们两个除了长得像，还有什么相同的地方？
男：我们同岁，我们都喜欢玩儿电脑游戏。
问：关于男的，可以知道什么？

39. 男：你看过“变脸”吗？
女：“变脸”？什么是“变脸”？
男：“变脸”是一种表演，很好看。我有两张票，一起去看吧。
女：好啊，几点的？
问：他们准备做什么？

40. 女：你们明天几点的飞机？
男：早上八点一刻的。
女：那要早点儿起床，这儿离机场很远。
男：没关系，早上路上车不多，用不了多长时间。
问：男的要坐几点的飞机？

听力考试现在结束。

H31114 卷答案

一、听 力

第一部分

1. B	2. A	3. F	4. E	5. C
6. E	7. A	8. C	9. B	10. D

第二部分

11. ×	12. √	13. √	14. ×	15. ×
16. ×	17. √	18. ×	19. √	20. √

第三部分

21. A	22. C	23. B	24. B	25. C
26. C	27. C	28. B	29. A	30. A

第四部分

31. C	32. C	33. A	34. B	35. A
36. B	37. C	38. B	39. A	40. B

二、阅 读

第一部分

41. B	42. D	43. C	44. F	45. A
46. D	47. A	48. E	49. B	50. C

第二部分

51. C	52. D	53. F	54. B	55. A
56. E	57. C	58. F	59. B	60. A

第三部分

61. B	62. C	63. A	64. A	65. B
66. C	67. A	68. B	69. C	70. A

三、书 写

第一部分

71. 祝您身体健康！
72. 这些香蕉已经不新鲜了。
73. 这双鞋多少钱？
74. 经理生气地走了。
75. 我和夏小姐一共见过两次面。

第二部分

76. 米
77. 问
78. 天
79. 也
80. 个

国家汉办/孔子学院总部
Hanban/Confucius Institute Headquarters

新汉语水平考试

HSK（三级）

H31115

注　　意

一、HSK（三级）分三部分：

1．听力（40 题，约 35 分钟）

2．阅读（30 题，30 分钟）

3．书写（10 题，15 分钟）

二、**听力结束后，有 5 分钟填写答题卡。**

三、全部考试约 90 分钟（含考生填写个人信息时间 5 分钟）。

中国　北京　　　　　　国家汉办/孔子学院总部　编制

一、听 力

第一部分

第 1-5 题

A 

B 

C 

D 

E 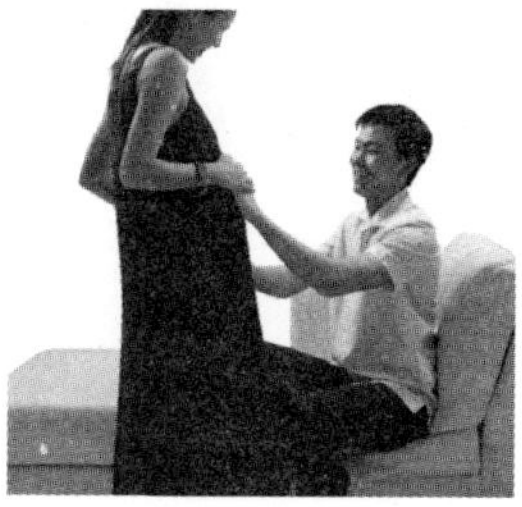

F 

例如：男：喂，请问张经理在吗？

　　　女：他正在开会，您半个小时以后再打，好吗？ D

1. □

2. □

3. □

4. □

5. □

第 6-10 题

A 

B 

C 

D 

E 

6. □

7. □

8. □

9. □

10. □

第二部分

第 11-20 题

例如：为了让自己更健康，他每天都花一个小时去锻炼身体。

★ 他希望自己很健康。（ √ ）

今天我想早点儿回家。看了看手表，才 5 点。过了一会儿再看表，还是 5 点，我这才发现我的手表不走了。

★ 那块儿手表不是他的。（ × ）

11. ★ 他们正在跑步。（ ）

12. ★ 妻子需要休息。（ ）

13. ★ 他们不敢喝啤酒。（ ）

14. ★ 他去过很多地方。（ ）

15. ★ 他喜欢表演。（ ）

16. ★ 他认为那个宾馆不错。（ ）

17. ★ 他们以后会经常见面。（ ）

18. ★ 睡觉前别喝咖啡。（ ）

19. ★ 这个手机现在卖 4000 多。（ ）

20. ★ 现在还是冬天。（ ）

第三部分

第 21-30 题

例如：男：小王，帮我开一下门，好吗？谢谢！

女：没问题。您去超市了？买了这么多东西。

问：男的想让小王做什么？

A 开门 ✓　　B 拿东西　　C 去超市买东西

21.	A 太旧了	B 很难看	C 很不错
22.	A 公园	B 眼镜店	C 饭馆儿
23.	A 裤子	B 盘子	C 水果
24.	A 北京人	B 南方人	C 东北人
25.	A 病好了	B 感冒了	C 有些生气
26.	A 商店	B 教室	C 医院
27.	A 弟弟	B 哥哥	C 爷爷
28.	A 不在公司	B 不同意去	C 去火车站了
29.	A 8：05	B 8：50	C 9：15
30.	A 送信	B 借书	C 还书

第四部分

第 31-40 题

例如：女：晚饭做好了，准备吃饭了。

男：等一会儿，比赛还有三分钟就结束了。

女：快点儿吧，一起吃，菜冷了就不好吃了。

男：你先吃，我马上就看完了。

问：男的在做什么？

A 洗澡　　B 吃饭　　C 看电视 ✓

31. A 天气太热　　B 她要吃药　　C 她要看菜单

32. A 鱼　　B 羊肉　　C 鸡蛋

33. A 椅子　　B 字典　　C 铅笔

34. A 在找猫　　B 吃饱了　　C 想吃苹果

35. A 洗手间　　B 动物园　　C 体育馆

36. A 没有电梯　　B 附近有花园　　C 出现在新闻上了

37. A 有点儿饿　　B 在吃面条儿　　C 忘记刷牙了

38. A 哭了　　B 口渴了　　C 迟到了

39. A 很矮　　B 站累了　　C 比较瘦

40. A 考得不好　　B 没买到票　　C 没做完练习

二、阅读

第一部分

第 41-45 题

A 你多久没运动了？

B 我先去楼下叫出租车。

C 中国就在我们右边，离我们不远。

D 我想穿那条新买的裙子去上班，怎么样？

E 当然。我们先坐公共汽车，然后换地铁。

F 真奇怪，怎么找不到了，你看见没？

例如：你知道怎么去那儿吗？ （ E ）

41．你不冷吗？现在不是夏天，是秋天了。 （ ）

42．从地图上看是这样。 （ ）

43．我记得把护照放在桌子上了。 （ ）

44．昨天就跑了几百米，今天早上腿和脚都觉得疼。 （ ）

45．请司机帮你放行李箱吧。 （ ）

第 46-50 题

A 这个月 26 号前完成，有没有问题？

B 你好，很高兴认识你。

C 我中午 11 点的飞机，下午两点半到北京。

D 刚才还是晴天，刚一会儿天就阴了，可能要下雨。

E 路上小心点儿，到你姐姐那儿记得打电话回来。

46．别担心，我包里带伞了。 （ ）

47．应该可以，您放心吧。 （ ）

48．好的，我明天开车去接你。 （ ）

49．我介绍一下，这是小万，我们办公室新来的同事。 （ ）

50．知道了，我会照顾好自己的。 （ ）

第 二 部 分

第 51-55 题

A 虽然　B 离开　C 阿姨　D 特别　E 声音　F 发现

例如：她说话的（ E ）多好听啊！

51．张先生已经（　　）机场了。

52．她也（　　）喜欢看《历史上的今天》这个节目。

53．那个句子的问题是小马最先（　　）的。

54．高叔叔和黄（　　）结婚已经 15 年了。

55．银行里（　　）人很多，但是非常安静。

第 56-60 题

A 清楚　B 一般　C 画　D 爱好　E 筷子　F 一共

例如：A：你有什么（　D　）？

B：我喜欢体育。

56．A：厨房里的碗和（　　）等着你洗呢。

B：好吧，我看完报纸就洗。

57．A：你打算给月亮（　　）什么颜色呢？

B：蓝色，可以吗？

58．A：（　　）是 86 元 5 角，您拿好，欢迎下次再来。

B：谢谢，再见。

59．A：门口那辆白色的面包车是谁的？

B：我也不（　　），你问问老周？

60．A：你周末（　　）都做什么啊？

B：不一定，有时和朋友出去玩儿，有时在家里听听音乐、看看书。

第三部分

第 61-70 题

例如：您是来参加今天会议的吗？您来早了一点儿，现在才 8 点半。您先进来坐吧。

★ 会议最可能几点开始？

A 8 点　　B 8 点半　　C 9 点 ✓

61．王校长有个 10 岁的女儿，现在读小学三年级，又聪明又漂亮，而且学习很努力。

★ 王校长的女儿：

A 爱笑　　B 爱好唱歌　　C 长得很好看

62．我们家附近有一家超市，步行一刻钟就到了，去那儿买东西很方便。

★ 那个超市：

A 有两层　　B 没有空调　　C 离他家不远

63．以前，她总以为别人的事情跟自己没有关系，认真地做好自己的事情就可以了。经过这件事情以后，她才知道帮助别人就是帮助自己，关心别人，自己也会觉得快乐。

★ 根据这段话，她现在明白了：

A 要相信自己　　B 健康最重要　　C 要帮助别人

64．刚才跟我说话的那位是我的邻居，也姓米。今天在这儿遇到他，才知道他也在附近上班。

★ 他的邻居：

A 很年轻　　B 姓和他相同　　C 今天是第一天上班

65．我爸爸妈妈都是北方人，但我从小在南方长大，所以一直没见过雪。搬到北京以后，虽然这儿的冬天很冷，我还不太习惯，但是我终于见到雪了。

★ 关于他，可以知道什么？

A 喜欢小狗　　B 看见下雪了　　C 一边读书一边工作

66．其实，明白做什么比怎么做更重要。因为在解决问题以前，必须先发现问题是什么。只有先找到问题，然后才能解决问题。

★ 这段话主要告诉我们：

A 别害怕问题　　B 要先了解问题　　C 做事情不能着急

67．昨天我参加了一个面试。那家公司很有名，我希望自己能有机会去那家公司工作。

★ 根据这段话，可以知道他：

A 难过极了　　B 面试成绩很低　　C 想进那家公司

68．她丈夫很喜欢踢足球。每个星期六，他都会找一些学生一起去踢球，一踢就是四五个小时。

★ 关于她丈夫，可以知道什么？

A 爱运动　　B 经常爬山　　C 不愿意锻炼身体

69．妹妹最近喜欢把头发放在耳朵后面，她觉得这样可以使她的脸看上去胖一些，但是我没看出来和以前有什么不一样。

★ 妹妹为什么把头发放耳朵后面？

A 觉得脸瘦　　B 觉得头发太长　　C 为了不影响学习

70．多吃新鲜水果对身体好，但是不能饭后马上吃水果，吃水果的时间应该是饭后两小时或者饭前一小时。

★ 根据这段话，我们应该：

A 少吃糖　　B 少喝果汁　　C 多吃水果

三、书 写

第 一 部 分

第 71-75 题

例如：小船　　上　　一　　河　　条　　有

河上有一条小船。

71．眼睛　　是　　黑色的　　熊猫的

72．水平　　他上课的　　越来越　　高了

73．弟弟　　自行车　　被　　骑走了

74．什么意思　　帽子上的　　是　　那个词

75．她的　　得　　提高　　很快　　数学成绩

第二部分

第 76-80 题

例如：没（ guān 关 ）系，别难过，高兴点儿。

76．上个（ yuè ）学校举行的游泳比赛，你参加没？

77．我没见过这种鸟，你知道（ tā ）是什么鸟吗？

78．现在已经 12 点了，我的（ shǒu ）表慢了 7 分钟。

79．老师说他们小时候看的是黑白（ diàn ）视。

80．这儿离黑板太近了，我想坐（ zhōng ）间。

H31115 卷听力材料

（音乐，30 秒，渐弱）

大家好！欢迎参加 HSK（三级）考试。
大家好！欢迎参加 HSK（三级）考试。
大家好！欢迎参加 HSK（三级）考试。

HSK（三级）听力考试分四部分，共 40 题。
请大家注意，听力考试现在开始。

第一部分

一共 10 个题，每题听两次。

例如：男：喂，请问张经理在吗？
　　　女：他正在开会，您半个小时以后再打，好吗？

现在开始第 1 到 5 题：

1．女：吃了几天药，也没什么作用，鼻子还是不舒服。
　　男：明天星期六，我和你去医院看看吧。

2．男：你好，我能和你跳个舞吗？
　　女：当然可以。

3．女：你说，我们的孩子叫什么名字好呢？
　　男：如果是儿子就叫蛋蛋，如果是女儿就叫甜甜。

4．男：你在看什么呢？有意思吗？
　　女：很有意思，这本书介绍了很多地方不同的节日文化，还有很多小故事。

5．女：刚才的雨下得真突然。
　　男：没办法，这个季节的雨就是这样的。

现在开始第 6 到 10 题：

6．男：你的作业还没写完？
　　女：是，这个题太难了，我看不懂，不会做。

7．女：经理，这个礼物是我们送给您的，祝您生日快乐！
男：谢谢！谢谢大家！你们太客气了。

8．男：这两件衬衫，你看我穿哪件更好？
女：红色的吧，你穿这件更好看。

9．女：我不会玩儿这个游戏。
男：我教你，很简单。

10．男：家里还有香蕉吗？
女：没香蕉了，我下午买了几斤葡萄，你吃吗？

第二部分

一共 10 个题，每题听两次。

例如：为了让自己更健康，他每天都花一个小时去锻炼身体。
★ 他希望自己很健康。

今天我想早点儿回家。看了看手表，才五点。过了一会儿再看表，还是五点，我这才发现我的手表不走了。
★ 那块儿手表不是他的。

现在开始第 11 题：

11．今天天气真好，太阳出来了，也不刮风，我们去外面走走？
★ 他们正在跑步。

12．妻子上午去医院检查身体了，医生说没什么事，可能是最近工作太忙、太累了，让她在家里休息几天。
★ 妻子需要休息。

13．这里的人们非常热情，客人来的时候，他们会把房间打扫干净，做很多好吃的菜，准备好啤酒，来向客人表示欢迎。
★ 他们不敢喝啤酒。

14．我去过很多个国家，在很多城市旅游过，但是如果有人问我“世界上最好的地方是哪儿”，我一定会回答“是我的家”。
★ 他去过很多地方。

15．他从小就对表演非常感兴趣，所以他决定考电影学院。
★ 他喜欢表演。

16. 那个宾馆离我们学校很近，而且不太贵，每次有同学或者朋友来，我都会带他们去那儿住。

★ 他认为那个宾馆不错。

17. 这个短期班下周日就要结束了，以后我们见面的机会可能就少了，以后有什么事情可以给我打电话或者写电子邮件。

★ 他们以后会经常见面。

18. 你不是说晚上睡不着觉吗？怎么还喝咖啡？喝杯牛奶吧，牛奶可以让你睡得更好些。

★ 睡觉前别喝咖啡。

19. 这个手机我去年买的时候要三千多块钱，现在便宜多了。

★ 这个手机现在卖四千多。

20. 换季的时候，天气变化很大，人们容易生病。虽然现在已经是春天了，但是天气还不是很热，所以先别急着换衣服。

★ 现在还是冬天。

第三部分

一共 10 个题，每题听两次。

例如：男：小王，帮我开一下门，好吗？谢谢！
　　　女：没问题。您去超市了？买了这么多东西。
　　　问：男的想让小王做什么？

现在开始第 21 题：

21. 女：奶奶喜欢那个新买的照相机吗？
　　男：喜欢，她说很好用，她很满意。
　　问：奶奶觉得那个照相机怎么样？

22. 男：你好，请问一下，附近有眼镜店吗？
　　女：地铁站旁边有一个，在地铁站的西边。
　　问：男的在找什么？

23. 女：这些衣服都是要洗的吗？
　　男：不不，那条裤子是干净的，不用洗，其他的是要洗的。
　　问：男的不让洗什么？

24. 男：你的普通话讲得真好，你是北京人吗？
    女：不是，我是南方人，但我在北京工作过。
    问：女的是哪里人？

25. 女：我听说你身体不舒服，怎么了？
    男：没关系，前几天有点儿发烧，现在已经没事了。
    问：男的现在怎么样？

26. 男：等一会儿你离开教室的时候记得把灯关了。
    女：好的，我知道了，明天见。
    问：他们现在在哪儿？

27. 女：你从网上买的那双鞋呢？怎么没见你穿？
    男：那双鞋我穿着有点儿小，给我弟弟了。
    问：男的把那双鞋给谁了？

28. 男：喂，你好，请问左小姐在吗？
    女：她不在公司，可能下午才能回来。
    问：关于左小姐，可以知道什么？

29. 女：上午的会议几点开始？
    男：九点，还没到时间，现在差十分九点。
    问：现在几点了？

30. 男：你是去图书馆吗？帮我把这本书还了吧。
    女：好的，没问题。
    问：男的请女的帮什么忙？

第四部分

一共 10 个题，每题听两次。

例如：女：晚饭做好了，准备吃饭了。
      男：等一会儿，比赛还有三分钟就结束了。
      女：快点儿吧，一起吃，菜冷了就不好吃了。
      男：你先吃，我马上就看完了。
      问：男的在做什么？

现在开始第 31 题：

31．男：喝杯茶吧，这是我为你买的绿茶，还不错。
女：不了，我要吃药，不喝茶了。
男：好，那喝杯水吧。
女：谢谢你。
问：女的为什么不喝茶？

32．女：你好，鱼怎么卖？
男：七块钱一斤。
女：这条有多少斤？
男：两斤多吧。
女：那就给我来这条吧。
问：女的在买什么？

33．男：服务员，这个椅子坏了，你帮我换一个吧。
女：对不起，先生，我马上去换一个。
男：谢谢你。
女：不客气。
问：男的要求换什么？

34．女：吃饱了吗？要不要再来点儿米饭？
男：不吃了，我饱了。家里还有西瓜吗？
女：冰箱里还有半个，你自己拿吧。
男：好的。
问：关于男的，可以知道什么？

35．男：妈，我跟同学去打篮球。
女：你明天不是还要考试吗？
男：没关系，我已经复习好了，玩儿一会儿就回来。
女：好吧，你的电脑关了没有？
问：男的最可能去哪儿？

36．女：我们新买的房子就在刚才过去的那条街上。
男：是吗？我看环境很好。
女：是，街道很干净，也很安静，附近还有个花园。
男：有树，有草，非常好。
问：关于那个房子，可以知道什么？

37．男：你不是刷牙了？怎么还吃东西？
女：现在又觉得有点儿饿，我就吃一小块儿蛋糕。
男：那吃完别忘了再刷一次牙。
女：好的，不会忘的。
问：关于女的，可以知道什么？

38．女：除了小云，别人都来了。
男：小云没来？她怎么了？
女：刚才给她打电话了，她起床起晚了，要晚到一会儿。
男：不等她了，我先给大家讲讲这次比赛的要求和一些需要注意的地方。
问：小云怎么了？

39．男：这是你小时候的照片？
女：是啊，不像吗？
男：不太像，但是你小时候真可爱。
女：我小时候胖，长大后变瘦了。
问：女的现在怎么样？

40．女：你这次汉语考得怎么样？
男：九十分，你呢？
女：我考得不太好，我只会做选择题，汉字几乎一个都不会写。
男：慢慢来，慢慢来。
问：关于女的，可以知道什么？

听力考试现在结束。

H31115 卷答案

一、听 力

第一部分

1. B	2. C	3. E	4. F	5. A
6. B	7. A	8. E	9. D	10. C

第二部分

11. ×	12. √	13. ×	14. √	15. √
16. √	17. ×	18. √	19. ×	20. ×

第三部分

21. C	22. B	23. A	24. B	25. A
26. B	27. A	28. A	29. B	30. C

第四部分

31. B	32. A	33. A	34. B	35. C
36. B	37. A	38. C	39. C	40. A

二、阅 读

第一部分

41. D	42. C	43. F	44. A	45. B
46. D	47. A	48. C	49. B	50. E

第二部分

51. B	52. D	53. F	54. C	55. A
56. E	57. C	58. F	59. A	60. B

第三部分

61. C	62. C	63. C	64. B	65. B
66. B	67. C	68. A	69. A	70. C

三、书 写

第一部分

71. 熊猫的眼睛是黑色的。
72. 他上课的水平越来越高了。
73. 自行车被弟弟骑走了。
74. 帽子上的那个词是什么意思？
75. 她的数学成绩提高得很快。

第二部分

76. 月
77. 它
78. 手
79. 电
80. 中

国家汉办/孔子学院总部
Hanban/Confucius Institute Headquarters

新汉语水平考试

HSK（三级）

H31116

注　　意

一、HSK（三级）分三部分：

1．听力（40 题，约 35 分钟）

2．阅读（30 题，30 分钟）

3．书写（10 题，15 分钟）

二、**听力结束后，有 5 分钟填写答题卡。**

三、全部考试约 90 分钟（含考生填写个人信息时间 5 分钟）。

中国　北京　　　　国家汉办/孔子学院总部　编制

一、听 力

第 一 部 分

第 1-5 题

A 

B 

C 

D 

E 

F 

例如：男：喂，请问张经理在吗？

女：他正在开会，您半个小时以后再打，好吗？ D

1. ☐

2. ☐

3. ☐

4. ☐

5. ☐

第 6-10 题

A 

B 

C 

D 

E 

6. □

7. □

8. □

9. □

10. □

第二部分

第 11-20 题

例如：为了让自己更健康，他每天都花一个小时去锻炼身体。

★ 他希望自己很健康。 （ √ ）

今天我想早点儿回家。看了看手表，才 5 点。过了一会儿再看表，还是 5 点，我这才发现我的手表不走了。

★ 那块儿手表不是他的。 （ × ）

11．★ 他最喜欢北京的秋天。 （ ）

12．★ 他的汉语水平很高。 （ ）

13．★ 那条街让他很快乐。 （ ）

14．★ 他是出租车司机。 （ ）

15．★ 外面下雨了。 （ ）

16．★ 他选择爬山。 （ ）

17．★ 那儿的房子很贵。 （ ）

18．★ 小云要去体育馆。 （ ）

19．★ 他每天 7：30 上地铁。 （ ）

20．★ 人们已经离不开电脑了。 （ ）

第三部分

第 21-30 题

例如：男：小王，帮我开一下门，好吗？谢谢！

女：没问题。您去超市了？买了这么多东西。

问：男的想让小王做什么？

A 开门 ✓　　B 拿东西　　C 去超市买东西

21. A 是新的　　B 卖完了　　C 是蓝色的

22. A 别着急　　B 不太远　　C 黑板在这儿

23. A 办公室　　B 学校东门　　C 公园西门

24. A 鱼　　B 羊肉　　C 面条儿

25. A 认真些　　B 别害怕　　C 安静点儿

26. A 洗衣服　　B 买自行车　　C 打扫房间

27. A 两个月　　B 三个月　　C 半年

28. A 银行　　B 宾馆　　C 图书馆

29. A 很饱　　B 口渴　　C 吃些葡萄

30. A 生气了　　B 没有字典　　C 在写作业

第四部分

第 31-40 题

例如：女：晚饭做好了，准备吃饭了。

男：等一会儿，比赛还有三分钟就结束了。

女：快点儿吧，一起吃，菜冷了就不好吃了。

男：你先吃，我马上就看完了。

问：男的在做什么？

A 洗澡　　B 吃饭　　C 看电视 ✓

31. A 吃米饭　　B 快点睡觉　　C 把盘子洗了

32. A 爱画画　　B 爱踢足球　　C 长得不高

33. A 6 角 5 分　　B 5 元 6 角　　C 6 元 5 角

34. A 脚疼　　B 孩子病了　　C 要练习跳舞

35. A 还没完成　　B 终于写完了　　C 老师很满意

36. A 带花园的　　B 楼层低的　　C 离文化馆近的

37. A 很热情　　B 喜欢音乐　　C 眼睛不大

38. A 没带地图　　B 空调坏了　　C 没找到帽子

39. A 想喝啤酒　　B 坐在中间　　C 借了 1000 元

40. A 腿　　B 耳朵　　C 鼻子

二、阅 读

第 一 部 分

第 41-45 题

A 你看看是不是在包里。

B 我也觉得黑色比白色的好看。

C 我不同意你这么做，这会影响你们的关系。

D 客人马上就要到了，你帮我把茶和杯子放到桌子上去。

E 当然。我们先坐公共汽车，然后换地铁。

F 哥，你们班谁跑得最快？

例如：你知道怎么去那儿吗？ （ E ）

41．这双鞋穿着很舒服，也很漂亮，就买这双吧。 （ ）

42．这本护照是老高的，我的呢？ （ ）

43．当然是我了，去年我就是第一。 （ ）

44．没事，我们认识十几年了，他了解我。 （ ）

45．妈，是小黄叔叔他们要来吗？ （ ）

第 46-50 题

A 不用了，就一个箱子，东西很少。

B 需要我帮你跟经理说一声吗？

C 应该是邻居家的孩子吧。

D 别着急，还有一个多小时呢，不会迟到的。

E 对不起，我最近忙着复习，很少上网。有什么事吗？

46．你看我给你写的电子邮件了吗？（　　）

47．外面是谁在唱歌啊？（　　）

48．我有点儿发烧，可能是感冒了，上午我不去上班了。（　　）

49．行李多吗？要不要我开车去接你？（　　）

50．你看看票，电影几点开始？（　　）

第二部分

第 51-55 题

A 解决　　B 花　　C 一直　　D 附近　　E 声音　　F 兴趣

例如：她说话的（　E　）多好听啊！

51．昨天公共汽车上人很多，她（　　　）站着。

52．弟弟从小就对历史书非常有（　　　）。

53．下午买果汁一共（　　　）了 215 块。

54．我们公司（　　　）有家宾馆还不错，你可以先住那儿。

55．张阿姨，您别担心，这个问题很快就能（　　　）。

第 56-60 题

A 条　　B 一会儿　　C 拿　　D 爱好　　E 长　　F 明白

例如：A：你有什么（　D　）？

B：我喜欢体育。

56．A：洗手间的灯坏了。

B：我知道，（　　　）我去超市买一个。

57．A：这是你妹妹？

B：是啊，你看我们（　　　）得像不像？

58．A：对不起，我的普通话说得不好，刚才没说清楚。

B：没关系，我能（　　　）你的意思。

59．A：服务员，请给我（　　　）一下菜单，我们想再点两个菜。

B：好的，请等一下。

60．A：网上的这（　　　）新闻你看到了吗？

B：我在报纸上已经看过了。

第三部分

第 61-70 题

例如：您是来参加今天会议的吗？您来早了一点儿，现在才 8 点半。您先进来坐吧。

★ 会议最可能几点开始？

A 8 点　　B 8 点半　　C 9 点 ✓

61．马老师，您还记得我的生日？我自己都忘了。谢谢您这么关心我！谢谢您送我礼物。我太高兴了！

★ 他几乎忘记了：

A 去上课　　B 和老师见面　　C 自己的生日

62．有些年轻人工作到下午三四点的时候，经常会觉得有点儿饿。所以他们总是会在办公室里准备一些吃的，一边工作一边吃点儿东西。

★ 根据这段话，有些年轻人下午：

A 特别累　　B 容易饿　　C 去运动

63．这张照片是我姐姐 13 岁那年照的，那时她正在读五年级，照片上的姐姐又黑又瘦，谁也没想到她现在这么漂亮，变化这么大。大家都说真是“女大十八变，越变越好看”。

★ 关于姐姐，可以知道什么？

A 以前很胖　　B 过去爱哭　　C 变好看了

64．遇到问题时，着急和难过是没用的，我们应该努力地想办法，去解决问题。等事情过去后，你会发现，那个问题没有你想的那么难。

★ 问题解决后，你会发现：

A 太阳出来了　　B 出现了更多问题　　C 其实它没那么难

65．她和她丈夫有相同的爱好，那就是旅游。他们每年都要去其他国家旅游，已经去过世界上 20 多个有名的城市了。

★ 根据这段话，可以知道妻子：

A 聪明极了　　B 经常旅游　　C 是中学校长

66．小红，你过来帮奶奶一个忙好不好？奶奶的眼镜找不到了，你看看在哪儿呢？我记得刚才放到椅子上了，被谁拿走了？

★ 奶奶找小红做什么？

A 找眼镜　　B 找爷爷　　C 搬椅子

67．会议 7 号结束，我准备开完会后，去河南看看我的一个老同学，然后才回来。

★ 他为什么要去河南？

A 看学生　　B 看朋友　　C 看月亮

68．我先生和您一样，也不爱吃西瓜。真奇怪，西瓜那么好吃的水果，怎么会有人不喜欢呢？

★ 根据这段话，可以知道她：

A 在厨房里　　B 会做蛋糕　　C 爱吃西瓜

69．今天是晴天，也不刮风了，别看电视了，我们出去走走吧，或者去商店买些牛奶，还有鸡蛋。

★ 说话人想做什么？

A 买东西　　B 回家睡觉　　C 去草地上玩儿

70．其实，我每天都刷牙，每次都会刷三分钟以上。但是没想到还是牙疼，可能是因为吃了太多甜的东西。我应该再去医院检查一下。

★ 他打算：

A 看医生　　B 看比赛　　C 去做游戏

三、书 写

第一部分

第 71-75 题

例如：小船　　上　　一　　河　　条　　有

　　河上有一条小船。

71．可爱　　她女儿　　特别　　长得

72．你　　关上　　吧　　把教室的门

73．越大　　雪　　越下　　了

74．健康　　比什么　　重要　　都

75．提高我的成绩　　怎样　　才能　　呢

第二部分

第76-80题

例如：没（ guān 关 ）系，别难过，高兴点儿。

76．他笑着（ huí ）答了老师说的那个问题。

77．牛小姐还（ bú ）太习惯北方的天气。

78．爸爸，今天中（ wǔ ）您想吃什么？

79．他们的节目（ yǐ ）经表演完了？

80．儿子把自己的衣服洗得很（ gān ）净。

H31116 卷听力材料

（音乐，30 秒，渐弱）

大家好！欢迎参加 HSK（三级）考试。
大家好！欢迎参加 HSK（三级）考试。
大家好！欢迎参加 HSK（三级）考试。

HSK（三级）听力考试分四部分，共 40 题。
请大家注意，听力考试现在开始。

第一部分

一共 10 个题，每题听两次。

例如：男：喂，请问张经理在吗？
　　　女：他正在开会，您半个小时以后再打，好吗？

现在开始第 1 到 5 题：

1．女：王校长表示他愿意帮助我们解决这个问题。
　　男：真的吗？太好了！

2．男：她的头发又黑又长。
　　女：是的，很漂亮。

3．女：你帮我看看，明天晚上我穿这件衣服怎么样？
　　男：很漂亮，你穿哪件都好看。

4．男：现在，我们来为熊猫画上颜色。
　　女：老师，我可以用您的铅笔吗？

5．女：先生，您好，欢迎您，请问您几位？
　　男：就我们四个人，没有别人了。

现在开始第 6 到 10 题：

6．男：好久不见，我们找个地方坐坐？
　　女：好啊，下了电梯有一个咖啡馆儿，我们去那儿吧。

7. 女：路上小心点儿，到了中国就给我打电话。
男：放心吧，我下了飞机就给你打电话。

8. 男：我们是不是骑得太慢了？
女：不着急，就在前面，马上就到了。

9. 女：爸爸，您再给我讲个故事吧。
男：那就再讲一个小狗和小猫的故事。

10. 男：除了手表，今天还买什么了？
女：还买了一条裙子，给我妈买了一条裤子。

第二部分

一共 10 个题，每题听两次。

例如：为了让自己更健康，他每天都花一个小时去锻炼身体。
★ 他希望自己很健康。

今天我想早点儿回家。看了看手表，才五点。过了一会儿再看表，还是五点，我这才发现我的手表不走了。
★ 那块儿手表不是他的。

现在开始第 11 题：

11. 北京一年有春、夏、秋、冬四个季节。我最喜欢北京的秋天，不冷也不热，是一年中最好的时候。
★ 他最喜欢北京的秋天。

12. 我学习汉语一年多了，水平一般。我能听懂中国人说的一些简单的句子，也可以说一点儿。我相信明年我一定可以说得更好。
★ 他的汉语水平很高。

13. 上下班的时候，我都会经过这条街。街道两边的树，还有树上的小鸟，会使我觉得很快乐。
★ 那条街让他很快乐。

14. 我的包忘在出租车上了，钱包、手机和照相机都在里面。
★ 他是出租车司机。

15. 外面天阴了，可能要下雨，你等我一下，我上楼去给你拿把雨伞，你下次来再还我。
★ 外面下雨了。

16. 他不会游泳，也不爱打篮球，所以他决定以后每个星期去爬一次山。
★ 他选择爬山。

17. 那儿的房子虽然便宜，但是环境不好，离机场太近，而且只有一个公共汽车站，不方便。
★ 那儿的房子很贵。

18. 小云，你从动物园出来后，向左走，第一个红绿灯再向右走，然后就能看到体育馆了。
★ 小云要去体育馆。

19. 七点半以后，地铁里的人就很多了，所以我每天早上六点起床，六点半就出门。
★ 他每天七点半上地铁。

20. 现在人们很少写信，也很少用笔写字，我们已经习惯用电脑来学习和工作。如果哪一天突然没有了电脑，我们该怎么办？
★ 人们已经离不开电脑了。

第三部分

一共 10 个题，每题听两次。

例如：男：小王，帮我开一下门，好吗？谢谢！
女：没问题。您去超市了？买了这么多东西。
问：男的想让小王做什么？

现在开始第 21 题：

21. 女：万经理，您这件衬衫是新买的？颜色很漂亮。
男：是的，谢谢你。
问：关于衬衫，可以知道什么？

22. 男：火车站离这儿远吗？
女：还可以，坐出租车二十分钟就能到。
问：女的是什么意思？

23. 女：喂，我已经到公园西门了，你到哪儿了？
男：我也到西门了，我看见你了。
问：他们现在在哪儿？

24．男：我来洗碗筷，你去看电视吧。
女：不用，你把桌子上的鱼放冰箱里就可以了。
问：桌子上有什么？

25．女：下次考试的时候，要认真些，看清楚试题的要求。
男：我明白了，我会注意的。
问：女的希望男的怎么样？

26．男：你的自行车太旧了，该换辆新的了。
女：是，我打算周末就去买辆新的，你跟我一起去吗？
问：周末女的想做什么？

27．女：你们下个月结婚？但是你们认识的时间太短了吧？
男：半年的时间不短了，我有个同事认识两个月就结婚了。
问：男的和女朋友认识多长时间了？

28．男：您的房间是八零九，您早点儿休息吧。
女：好的，谢谢你，明天见。
问：他们最可能在哪儿？

29．女：我买了几斤葡萄，来吃点儿吧，特别新鲜。
男：谢谢，那我就不客气了。
问：男的是什么意思？

30．男：你的数学作业做完了吗？我有个题不会做。
女：还差三个题，我做完了再教你好吗？
问：关于女的，可以知道什么？

第四部分

一共 10 个题，每题听两次。

例如：女：晚饭做好了，准备吃饭了。
男：等一会儿，比赛还有三分钟就结束了。
女：快点儿吧，一起吃，菜冷了就不好吃了。
男：你先吃，我马上就看完了。
问：男的在做什么？

现在开始第 31 题：

31．男：这么晚了，怎么还吃糖？
女：不吃了，我这就去刷牙洗脸。
男：已经十一点一刻了，十一点半必须上床睡觉。
女：知道了。
问：男的主要是什么意思？

32．女：这是你小时候的照片？
男：是，我小时候比较矮。
女：你现在有一米九吗？
男：一米九一，我都不相信自己能长这么高。
问：男的小时候怎么样？

33．男：我喜欢吃这种面包。
女：好吃吗？怎么卖？
男：六块五一个，很好吃。
女：那我们先买四个吧。
问：面包多少钱一个？

34．女：对不起，我明天不能和你们出去玩儿了。
男：为什么？怎么了？
女：我儿子生病了，我要在家照顾他。
男：他现在好点儿了吗？
女：好一些了。
问：女的为什么不出去玩儿了？

35．男：你还没告诉我今天是什么作业呢。
女：老师给了几个词，让我们用这些词介绍一个节日。
男：那你要介绍什么节日？
女：我还没想好呢。
问：关于作业，可以知道什么？

36．女：十五层太高了，我爸爸可能都不敢向下看了。
男：我明白了。那我们看看别的房子。
女：要楼层低一点儿的。
男：没问题，旁边那个楼有一个六层的，我带您去看看。
问：女的想要什么样的房子？

37．男：刚才和你说再见的那个女孩子是谁啊？
女：我们公司新来的同事，小祝。
男：什么？她姓什么？
女：姓祝。小祝人很热情，有机会介绍你们认识认识。
男：她叫什么名字？
问：女的认为小祝怎么样？

38. 女：空调下面怎么这么多水？
男：我也是刚发现，我已经打电话叫人来看了。
女：问他们什么时候到了吗？
男：他们说今天周日，比较忙，下午才能来。
问：男的为什么要打电话？

39. 男：你去超市了？我以为你去跑步了呢。
女：我去买了些苹果和香蕉。
男：没买啤酒？
女：医生不让你喝酒！
问：关于男的，可以知道什么？

40. 女：你的腿还疼吗？
男：是，那个药一点儿作用也没有。
女：那我们再去医院看看吧。
男：我也这么想。学校很快就要举行运动会了，我一定要参加。
问：男的哪里不舒服？

听力考试现在结束。

H31116卷答案

一、听 力

第一部分

1. E	2. F	3. C	4. B	5. A
6. A	7. C	8. D	9. E	10. B

第二部分

11. √	12. ×	13. √	14. ×	15. ×
16. √	17. ×	18. √	19. ×	20. √

第三部分

21. A	22. B	23. C	24. A	25. A
26. B	27. C	28. B	29. C	30. C

第四部分

31. B	32. C	33. C	34. B	35. A
36. B	37. A	38. B	39. A	40. A

二、阅 读

第一部分

41. B	42. A	43. F	44. C	45. D
46. E	47. C	48. B	49. A	50. D

第二部分

51. C	52. F	53. B	54. D	55. A
56. B	57. E	58. F	59. C	60. A

第三部分

61. C	62. B	63. C	64. C	65. B
66. A	67. B	68. C	69. A	70. A

三、书 写

第一部分

71．她女儿长得特别可爱。
72．你把教室的门关上吧。
73．雪越下越大了。
74．健康比什么都重要。
75．怎样才能提高我的成绩呢？

第二部分

76．回
77．不
78．午
79．已
80．干

国家汉办/孔子学院总部
Hanban/Confucius Institute Headquarters

新汉语水平考试

HSK（三级）

H31117

注　　意

一、HSK（三级）分三部分：

　　1．听力（40题，约35分钟）

　　2．阅读（30题，30分钟）

　　3．书写（10题，15分钟）

二、**听力结束后，有5分钟填写答题卡。**

三、全部考试约90分钟（含考生填写个人信息时间5分钟）。

中国　北京　　　　国家汉办/孔子学院总部　编制

一、听 力

第一部分

第 1-5 题

A  B 

C  D 

E  F 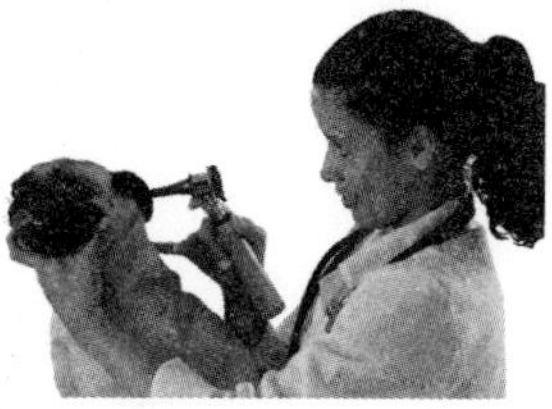

例如：男：喂，请问张经理在吗？

　　　女：他正在开会，您半个小时以后再打，好吗？ [D]

1. [ ]

2. [ ]

3. [ ]

4. [ ]

5. [ ]

第 6-10 题

A 

B 

C 

D 

E 

6. □

7. □

8. □

9. □

10. □

第二部分

第 11-20 题

例如：为了让自己更健康，他每天都花一个小时去锻炼身体。

★ 他希望自己很健康。 （ √ ）

今天我想早点儿回家。看了看手表，才 5 点。过了一会儿再看表，还是 5 点，我这才发现我的手表不走了。

★ 那块儿手表不是他的。 （ × ）

11．★ 他骑车回家。 （ ）

12．★ 夏天西瓜很贵。 （ ）

13．★ 小米给他们写信了。 （ ）

14．★ 他一晚上没睡觉。 （ ）

15．★ 弟弟难过地哭了。 （ ）

16．★ 这个电脑是同学送的。 （ ）

17．★ 他觉得儿子还小。 （ ）

18．★ 中国北方冬天很冷。 （ ）

19．★ 小王最近经常迟到。 （ ）

20．★ 邻居们喜欢老张。 （ ）

第三部分

第 21-30 题

例如：男：小王，帮我开一下门，好吗？谢谢！

女：没问题。您去超市了？买了这么多东西。

问：男的想让小王做什么？

A 开门 ✓　　B 拿东西　　C 去超市买东西

21. A 护照　　B 地图　　C 作业

22. A 被气坏了　　B 数学成绩好　　C 明天有考试

23. A 打车　　B 走路　　C 坐公共汽车

24. A 书　　B 报纸　　C 电视

25. A 换工作了　　B 离公司远　　C 房子太低

26. A 下大雨　　B 下大雪　　C 刮大风

27. A 银行　　B 宾馆　　C 文化馆

28. A 不着急　　B 马上去拿　　C 菜单在桌子上

29. A 晚上　　B 下午　　C 中午

30. A 黑　　B 红　　C 蓝

第四部分

第 31-40 题

例如：女：晚饭做好了，准备吃饭了。

男：等一会儿，比赛还有三分钟就结束了。

女：快点儿吧，一起吃，菜冷了就不好吃了。

男：你先吃，我马上就看完了。

问：男的在做什么？

A 洗澡　　B 吃饭　　C 看电视 ✓

31. A 灯坏了　　B 没看清楚　　C 周末人多

32. A 马上看　　B 没兴趣　　C 作用不大

33. A 眼睛疼　　B 题做错了　　C 要离开公司

34. A 夏先生　　B 王医生　　C 王校长

35. A 口渴了　　B 还没刷牙　　C 选择了面包

36. A 吃面条儿　　B 5 点前回来　　C 买碗和盘子

37. A 40 元　　B 50 元　　C 90 元

38. A 花园　　B 洗手间　　C 咖啡店

39. A 铅笔　　B 照相机　　C 自行车

40. A 比较矮　　B 聪明极了　　C 晚点儿回来

二、阅 读

第 一 部 分

第 41-45 题

A 这是熊猫？真可爱，给我看看好吗？

B 你决定了？你告诉奶奶了吗？

C 现在 7：05，比赛一个小时以后才开始。

D 好，你请她进来吧。

E 当然。我们先坐公共汽车，然后换地铁。

F 我还以为你今天不来上课了。

例如：你知道怎么去那儿吗？ （ E ）

41．那我去商店买点儿果汁吧，一会儿看球的时候喝。 （ ）

42．白经理，外面有位姓万的小姐找您。 （ ）

43．等一下，它的鼻子还没画好呢。 （ ）

44．我昨天吃了感冒药，现在好多了。 （ ）

45．还没有，但我相信她会同意的。 （ ）

第 46-50 题

A 我也不是很明白，你再问问其他人吧。

B 冰箱里有几块儿蛋糕，还有早上买的香蕉。

C 明天上午的会议很重要，我们第一次举行这样的会，你一定别迟到。

D 然后呢？它们去哪儿了？

E 那你对这个地方应该很了解，你给我们简单介绍一下？

46．放心吧，没问题，我 6 点就起床。（ ）

47．那个猫和狗的故事您还没讲完呢。（ ）

48．我又饿了，有什么吃的东西吗？（ ）

49．我去年在这儿住过一段时间。（ ）

50．这个句子的意思你懂了吗？（ ）

第二部分

第 51-55 题

A 跟　　B 新鲜　　C 才　　D 鸟　　E 声音　　F 米

例如：她说话的（　E　）多好听啊！

51．那些菜已经不（　　　）了。

52．这条小河不长，只有 5000 多（　　　）。

53．小（　　　）越飞越高，一会儿就看不见了。

54．到了机场，他（　　　）发现自己忘记带钱包了。

55．结婚前，妻子（　　　）我说她很爱做饭，但是结婚后她很少做饭。

第 56-60 题

A 记得　　B 辆　　C 影响　　D 爱好　　E 借　　F 习惯

例如：A：你有什么（　D　）？

　　B：我喜欢体育。

56．A：那（　　　）黄色的车是你新买的？

　　B：那不是我的，我的车在学校里呢。

57．A：高老师，您找我有什么事情？

　　B：我们出去说吧，别（　　　）其他人学习。

58．A：你还（　　　）那个公园吗？

　　B：当然，我们第一次见面就是在那儿。

59．A：我想去（　　　）本书，图书馆星期天开门吗？

　　B：开，从上午 10 点到下午 5 点。

60．A：叔叔，冬天您也用冷水洗脸吗？

　　B：是啊，我已经（　　　）了。

第三部分

第 61-70 题

例如：您是来参加今天会议的吗？您来早了一点儿，现在才 8 点半。您先进来坐吧。

★ 会议最可能几点开始？

A 8 点　　B 8 点半　　C 9 点 ✓

61．丈夫最近比较忙，没时间去运动，又长胖了几斤。他打算等忙完这段时间，就去跑步和游泳。

★ 丈夫最近：

A 变瘦了　　B 吃得太饱　　C 很少锻炼

62．他在北京工作三年了。现在，他的汉语说得很好。同事们都说他的汉语水平提高得很快，可以准备去参加一次普通话水平考试。

★ 同事们认为他：

A 很热情　　B 汉语讲得好　　C 其实很努力

63．一般来说，女孩子都喜欢穿裙子，爱唱歌、跳舞。但我哥的女儿不是这样，她从小就像个男孩子一样，喜欢体育运动，喜欢玩儿电子游戏，我几乎没见她穿过裙子。

★ 哥哥的女儿：

A 喜欢历史　　B 头发很长　　C 很少穿裙子

64．那条街上以前有一家饭馆儿，他们家的羊肉特别有名。每次去那儿吃饭，店里总是有很多客人。

★ 那家饭馆儿：

A 不卖啤酒　　B 在超市旁边　　C 羊肉很好吃

65．周六周日如果没什么事情，我一般会和学生们去爬爬山，或者打打篮球，有时候也会在家里上上网。

★ 关于他，可以知道什么？

A 会踢足球　　B 周末常去爬山　　C 喜欢边听音乐边看书

66．除了春节，中秋节也是中国人很重要的一个节日。中秋节那天，人们习惯晚上和自己的家人一起吃饭、看月亮。

★ 中秋节那天：

A 要看月亮　　B 要打扫房间　　C 要对朋友表示关心

67．人们都喜欢春天，因为天气不那么冷了，草和树绿了，花开了，大家也不用像冬天那样穿很多衣服了。

★ 根据这段话，春天：

A 阴天多　　B 比秋天短　　C 能看到更多绿色

68．我男朋友对现在住的地方比较满意：房子虽然不大，但很干净，还有，附近很安静，住着很舒服。

★ 男朋友觉得房子怎么样？

A 还不错　　B 有些旧　　C 环境不好

69．为了健康，我们应该每年都去医院做一次身体检查，特别是那些 40 岁以上的人们，这样可以早一些发现问题。

★ 每年检查一次身体主要是为了：

A 休息得更好　　B 早发现问题　　C 使自己更年轻

70．老人和小孩子有些地方是相同的，所以有个词语叫“老小孩儿”，它的意思是，人老了就像小孩子，容易高兴，也容易生气。

★ 根据这段话，老人：

A 经常生病　　B 腿脚不太好　　C 有时像小孩子

三、书 写

第一部分

第 71-75 题

例如：小船　　上　　一　　河　　条　　有

<u>河上有一条小船。</u>

71．变化　　这个城市　　真大　　的

72．已经　　表演　　了　　结束

73．身体　　好　　喝　　葡萄酒　　对

74．行李箱　　你的帽子　　不在　　里

75．一点儿　　请把　　关小　　声音

第二部分

第76-80题

例如：没（ guān 关 ）系，别难过，高兴点儿。

76．你的（ shǒu ）表慢了一刻钟。

77．世界上有多（ shao ）个国家？

78．那张照片是我小时候照的，那时我正在上小学（ wǔ ）年级。

79．对不起，我觉得（ tài ）热了，我们把空调打开好不好？

80．爷爷，这是我送您的礼物，祝您生（ rì ）快乐！

H31117卷听力材料

（音乐，30秒，渐弱）

大家好！欢迎参加HSK（三级）考试。
大家好！欢迎参加HSK（三级）考试。
大家好！欢迎参加HSK（三级）考试。

HSK（三级）听力考试分四部分，共40题。
请大家注意，听力考试现在开始。

第一部分

一共10个题，每题听两次。

例如：男：喂，请问张经理在吗？
　　　女：他正在开会，您半个小时以后再打，好吗？

现在开始第1到5题：

1．女：欢迎你们来我家玩儿，来，吃苹果，别客气。
　 男：好的，谢谢。你们家真大啊。

2．男：你笑什么呢？有什么新闻？
　 女：你自己来看吧，今天的报纸真的很有意思。

3．女：做完练习，我们去哪儿玩儿？
　 男：太阳出来了，天气不错，我教你去打球怎么样？

4．男：小黄，怎么会出现这么多问题？今天做得完吗？
　 女：您别担心，今天我一定能完成。

5．女：别害怕，让我看看你的耳朵。
　 男：医生，怎么样？它没事吧？

现在开始第6到10题：

6．男：哪把伞是你的？右边的这把？
　 女：不是这把，是中间那把黑色的。

7．女：你知道那个人叫什么名字吗？
男：哪个？你说的是七号吗？他叫马云。

8．男：你的咖啡要放糖吗？
女：不用了，我喝咖啡不爱放糖。

9．女：都买了吗？你看看还有什么东西没买。
男：我看看，还差鸡蛋和牛奶没买。

10．男：你来回答一下黑板上的这个题好吗？
女：对不起，老师，这个题我不会。

第二部分

一共 10 个题，每题听两次。

例如：为了让自己更健康，他每天都花一个小时去锻炼身体。
★ 他希望自己很健康。

今天我想早点儿回家。看了看手表，才五点。过了一会儿再看表，还是五点，我这才发现我的手表不走了。
★ 那块儿手表不是他的。

现在开始第 11 题：

11．在办公室里坐了一天，下班坐地铁回家时，我更愿意站着。
★ 他骑车回家。

12．西瓜是夏天最常见的水果，这个季节的西瓜又大又甜，而且很便宜，一斤只要一块多钱。
★ 夏天西瓜很贵。

13．小米在信里说，谢谢我们帮了她很多忙，谢谢我们对她的关心。如果明年有机会，她还会回来看我们。
★ 小米给他们写信了。

14．昨天晚上，儿子突然发烧了。我一直在照顾他，没敢睡觉。今天早上，儿子不烧了，我才放心了。
★ 他一晚上没睡觉。

15．经过高中三年的认真学习，弟弟终于考上了大学，我真为他高兴。
★ 弟弟难过地哭了。

16. 这个电脑是我前年生日的时候妹妹送我的，买的时候花了五千多块钱，现在只要两千多块了。

★ 这个电脑是同学送的。

17. 不是每次遇到问题，都要去问别人。你需要学着自己想办法解决问题了。儿子，你已经长大了，不是小孩子了。

★ 他觉得儿子还小。

18. 在中国，北方的冬天非常冷，特别是东北。所以，冬天人们喜欢去南方旅游。

★ 中国北方冬天很冷。

19. 奇怪，小王最近经常迟到，他过去不是这样的。你是他的好朋友，你知道是怎么回事吗？

★ 小王最近经常迟到。

20. 老张是我们公司的司机，也住在前面那条街上。他经常帮助邻居，所以和邻居们的关系很好。

★ 邻居们喜欢老张。

第三部分

一共 10 个题，每题听两次。

例如：男：小王，帮我开一下门，好吗？谢谢！
　　　女：没问题。您去超市了？买了这么多东西。
　　　问：男的想让小王做什么？

现在开始第 21 题：

21. 女：你的护照拿到了吗？
　　男：还没有，可能要等到下个月了。
　　问：他们在说什么？

22. 男：明天考试，复习得怎么样了？
　　女：还可以，希望考试不要太难。
　　问：关于女的，可以知道什么？

23. 女：火车站离这儿很远，我开车送你去。
　　男：不用了，谢谢阿姨，我还是自己打出租车去吧。
　　问：男的打算怎么去火车站？

24．男：妈，字典在这儿呢，您找字典做什么？
女：我刚才看报纸，有个字我不认识，我想查查那个字怎么读。
问：女的刚才在看什么？

25．女：你为什么搬家啊？是因为离公司太远？
男：是，现在近多了，走路就可以去公司，上下班很方便。
问：男的为什么搬家？

26．男：喂，你们上飞机了吗？
女：还没呢，机场这边儿下大雨，可能要晚一个小时。
问：现在机场天气怎么样？

27．女：请问，学校附近有中国银行吗？
男：有，出了西门，向左走两百米就能看见。
问：女的要去哪儿？

28．男：服务员，请再给我们拿一双筷子。
女：好的，请您等一下，马上来。
问：女的是什么意思？

29．女：都累一天了，早点儿休息吧。
男：没关系，我想把这个节目看完，你先去睡吧，不用等我。
问：现在最可能是什么时候？

30．男：姐，你看这件衬衫怎么样？
女：还可以，但是夏天穿黑色的不热吗？
问：那件衬衫是哪种颜色的？

第四部分

一共10个题，每题听两次。

例如：女：晚饭做好了，准备吃饭了。
男：等一会儿，比赛还有三分钟就结束了。
女：快点儿吧，一起吃，菜冷了就不好吃了。
男：你先吃，我马上就看完了。
问：男的在做什么？

现在开始第31题：

31. 男：你怎么去了这么久？
女：今天是周末，来动物园的人特别多。
男：票买到了？班里其他人呢？
女：在那边呢，走，我们过去吧。
问：女的为什么买票花了很长时间？

32. 女：你看邮件了吗？
男：没呢，我电脑还没打开呢，怎么了？
女：没什么，昨天的照片有几张很漂亮，想让你看看。
男：好，那我现在就上网看，谢谢你。
女：不客气。
问：男的是什么意思？

33. 男：知道这个题你为什么做错了吗？
女：不知道。
男：你看这儿，书上是五角三分，你写的是三角五分。
女：知道了，下次我一定注意。
问：关于女的，可以知道什么？

34. 女：刚才是谁打的电话？
男：是王校长，他说已经到附近了，可能会迟到几分钟。
女：王校长是第一次来，你下楼去接一下他吧。
男：好的，我马上去。
问：男的要去接谁？

35. 男：妈，这鱼放哪儿呢？
女：你帮我拿到厨房去吧。你渴了吧？
男：是有点儿渴，今天太热了。
女：那喝杯茶吧。
问：关于男的，可以知道什么？

36. 女：我想去买条裤子，买双鞋，你一起去吗？
男：好啊，是现在吗？
女：是，我想现在就去。
男：好吧，但是我五点前必须回来，可以吗？
女：没问题。
问：男的有什么要求？

37. 男：你好，八点半的电影票还有吗？
女：八点半……有，您要几张？
男：三张，多少钱？
女：一共一百二。
问：电影票多少钱一张？

38．女：手机买好了，我们去喝杯咖啡吧。
男：好啊，这儿有咖啡店吗？
女：有，四层有一家。快，电梯来了。
男：等等我。
问：他们要去哪儿？

39．男：你要去教室吗？
女：是，您有什么事？
男：这个照相机是小晴的，请你帮我还给她吧。
女：好的，没问题。
问：男的要还什么东西？

40．女：爸，您看见我的眼镜了吗？
男：那不是在椅子上吗？
女：我看到了。我今天晚上有事，可能要晚点儿回来。爸爸再见。
男：好，慢一点儿，路上小心点儿。
问：关于女的，可以知道什么？

听力考试现在结束。

H31117 卷答案

一、听 力

第一部分

1．B	2．C	3．E	4．A	5．F
6．B	7．C	8．A	9．E	10．D

第二部分

11．×	12．×	13．√	14．√	15．×
16．×	17．×	18．√	19．√	20．√

第三部分

21．A	22．C	23．A	24．B	25．B
26．A	27．A	28．B	29．A	30．A

第四部分

31．C	32．A	33．B	34．C	35．A
36．B	37．A	38．C	39．B	40．C

二、阅 读

第一部分

41．C	42．D	43．A	44．F	45．B
46．C	47．D	48．B	49．E	50．A

第二部分

51．B	52．F	53．D	54．C	55．A
56．B	57．C	58．A	59．E	60．F

第三部分

61．C	62．B	63．C	64．C	65．B
66．A	67．C	68．A	69．B	70．C

三、书 写

第一部分

71．这个城市的变化真大。
72．表演已经结束了。
73．喝葡萄酒对身体好。
74．你的帽子不在行李箱里。
75．请把声音关小一点儿。

第二部分

76．手
77．少
78．五
79．太
80．日

图书在版编目（CIP）数据

新汉语水平考试真题集：2012版. HSK三级／国家汉办／孔子学院总部编. —北京：商务印书馆，2012

ISBN 978-7-100-08901-2

I. ① 新… II. ① 国… III. ① 汉语-对外汉语教学-水平考试-试题 IV. ① H195.4-44

中国版本图书馆CIP数据核字（2012）第016590号

新汉语水平考试真题集 HSK（三级）
2012版
国家汉办／孔子学院总部 编制

商 务 印 书 馆 出 版
（北京王府井大街36号 邮政编码 100710）
商 务 印 书 馆 发 行
北 京 瑞 古 冠 中 印 刷 厂 印 刷
ISBN 978-7-100-08901-2

2012年3月第1版 开本 880×1240 1/16
2012年3月北京第1次印刷 印张 8

定价：60.00元

新汉语水平考试
HSK(三级)
全真模拟题 3

注　　意

一、**HSK**(三级)分三部分：

1. 听力(40 题,约 35 分钟)
2. 阅读(30 题,25 分钟)
3. 书写(10 题,15 分钟)

二、答案先写在试卷上,最后 10 分钟再写在答题卡上。

三、全部考试约 90 分钟(含考生填写个人信息时间 5 分钟)。

中国　北京　　　　　　XXXX/XXXXXX　编制

一、听　力

第 一 部 分

第 1—5 题

A 

B 

C 

D 

E 

F 

例如：男：你现在吃不吃晚饭？　　C

　　　女：我看电视呢，过一会儿再吃。

1. 　□

2. 　□

3. 　□

4. 　□

5. 　□

第 6—10 题

A 

B 

C 

D 

E 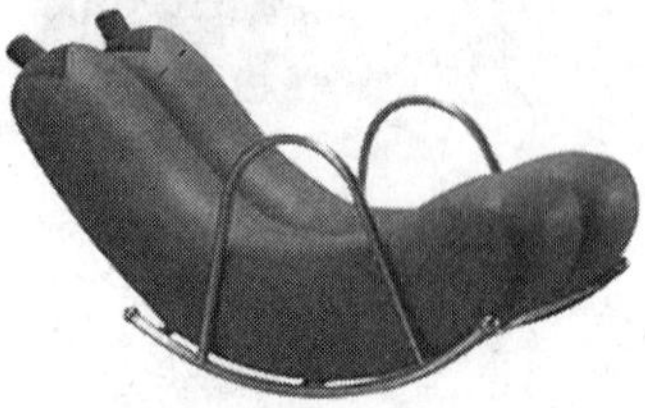

6.

7.

8.

9.

10.

第二部分

第 11—20 题

例如：为了准备下次考试，他现在每天都去图书馆学习三个小时。

★他希望自己能有好成绩。 （√）

小王的丈夫给她买了一条裙子，漂亮极了。

★小王没有结婚。 （×）

11. ★他一直都很喜欢爬山。 （ ）
12. ★我下午去商店买了很多东西。 （ ）
13. ★我喜欢熊猫。 （ ）
14. ★昨天他们没有坐公共汽车去公园。 （ ）
15. ★明天是晴天。 （ ）
16. ★今年我们学校有 100 多个外国学生。 （ ）
17. ★张老师拿了我的杯子。 （ ）
18. ★我的电话是 86707391。 （ ）
19. ★今天是星期三。 （ ）
20. ★我晚上睡觉不喜欢关灯。 （ ）

第三部分

第 21—30 题

例如：女：你的冰箱什么时候坏的？
　　男：我也不知道，我上个星期出去旅游了，回来就这样了。
　　问：男的上个星期在哪儿？
　　A 在家　　B 去别的地方玩儿了√　　C 在公司上班

21. A 她想知道喝什么酒　　B 她不喜欢喝酒　　C 今天晚上不能喝酒

22. A 篮球　　B 足球　　C 篮球和足球

23. A 下雨没有关系　　B 坐出租车比较快　　C 他现在没办法接她

24. A 她不知道要多少钱　　B 她觉得去饭馆儿吃饭很贵
　　C 她喜欢男的做饭

25. A 图书馆　　B 教室　　C 医院

26. A 她觉得行李不多　　B 想让男的帮她　　C 不要男的帮忙

27. A 100 多公斤　　B 50 多公斤　　C 80 多公斤

28. A 找房子　　B 找朋友　　C 找工作

29. A 男的　　B 张老师　　C 张老师决定

30. A 7 点 30　　B 7 点 50　　C 8 点

第四部分

第 31—40 题

例如：女：你看这一张，这是我爸爸和我妈妈。

男：你妈妈也很漂亮。

女：你觉得我像爸爸还是像妈妈？

男：都像，鼻子像爸爸，眼睛像妈妈。

问：他们在做什么？

A 看女的的爸爸　　B 看照片√　　C 看女的的妈妈

31. A 他以前来过中国　　B 他小时候就会用筷子
C 他是学生

32. A 她不住在以前的地方　　B 她没带手机　　C 她家里没人

33. A 小猫　　B 熊猫　　C 小狗

34. A 坐火车　　B 坐船　　C 坐飞机

35. A 找包　　B 给男的看照片　　C 找书

36. A 请那个女孩子表演节目　　B 看那个女孩子表演节目
C 认识那个女孩子

37. A 开会　　B 去饭店吃饭　　C 上课

38. A 公共汽车上　　B 出租车上　　C 飞机上

39. A 打电话　　B 看电视　　C 听音乐

40. A 天气不好　　B 衣服比较少　　C 生病了

二、阅　读

第一部分

第 41—45 题

A 知道了，你放心吧。

B 我就玩儿 5 分钟，好不好？

C 他在听音乐呢。

D 才 5 点 40，我的手表快 5 分钟。

E 我都要，你给钱吧。

F 一杯牛奶，两个鸡蛋。

例如：你出来的时候，小张在做什么？　（ C ）

41. 外面天黑了，几点钟了？　（　）

42. 早饭你一般吃什么？　（　）

43. 你第一次去国外，要学会照顾自己啊。　（　）

44. 这两双鞋你喜欢哪一双？　（　）

45. 你怎么一边做作业一边打游戏？　（　）

第 46—50 题

A 这是我的习惯。

B 你一定要看看这本书，太有意思了。

C 是啊，我喜欢多放糖。

D 好啊，但是我不太会跳。

E 不是，她是我的同事。

46. 左边那位是你妻子吗？ （ ）

47. 你的房间怎么总是这么干净啊？ （ ）

48. 你一个人在那儿笑什么呢？ （ ）

49. 你好，我可以请你跳舞吗？ （ ）

50. 你的咖啡真甜啊。 （ ）

第二部分

第 51—55 题

A 爱好　　B 遇到　　C 饱　　D 菜单　　E 条　　F 提高

例如：小姐，请把（ D ）给我看一下。

51. 你的足球水平有了很大（　　），已经和我差不多了。

52. 我这个人很简单，也没有什么特别的（　　）。

53. 我想买（　　）鱼回家做菜吃。

54. 你（　　）了吗？要不要再给你来点儿米饭？

55. 昨天在机场我（　　）了王老师和她丈夫。

第 56—60 题

A 大家　　B 张　　C 除了　　D 几　　E 变化　　F 客气

例如：A：谢谢你啊，小王。

B：不（ F ），再见。

56. A：同学们都来了吗？

B：（　　）张东，别的同学都到了。

57. A：（　　）晚上好，我来介绍一下，这是马校长。

B：同学们好。

58. A：一年不见了，你还是没有（　　）。

B：你不也是吗？

59. A：你来看看这（　　）照片。

B：不错，是你拍的吗？

60. A：葡萄（　　）块钱一斤？

B：3 块，多买可以便宜一点儿。

第三部分

第 61—70 题

例如：你要去中国银行啊？就在前面，你向前走，在路的右边有个医院，医院的旁边就是。

★中国银行在哪儿？

A 医院后边　　B 医院旁边 √　　C 路的左边

61. 我新买了一个照相机，但是照的照片很不清楚，下午我要去换一个。

★下午他去做什么？

A 换照相机　　B 换照片　　C 再买一个照相机

62. 是小张啊，我还以为是我邻居呢。外面冷，快请进。

★小张现在在哪儿？

A 在我邻居家　　B 在我家门口　　C 在路上

63. 上午还有太阳，下午就下雪了，现在天气变化真快，明天我要多穿点儿衣服来上班了。

★现在是什么季节？

A 夏天　　B 秋天　　C 冬天

64. 昨天晚上你怎么没来？我和张东等了你半个小时就先走了。昨晚那个电影特别有意思。

★昨天我去哪儿了？

A 去老师家　　B 去看电影了　　C 去饭馆儿了

65. 这是我的房间，里面有一张床、一张桌子和一把椅子。桌子上放着很多书，里面有一本字典。我的房间虽然有点儿旧，但是很干净，也很安静。

★我的房间怎么样？

A 很新　　B 很大　　C 有很多书

66. 明天是我的生日，我不要什么礼物，只希望我们一家人，爸爸、妈妈、爷爷、奶奶，可以在一起吃饭，因为我爸爸妈妈都很忙，总是不回家吃饭。

★我家有几口人？

A 四口　　B 五口　　C 六口

67. 刚才我去商店买了两斤苹果、四斤羊肉，还有三个面包。苹果四块钱一斤，面包一块一个。羊肉太贵了，十块钱一斤。

★刚才我在商店一共花了多少钱？

A 三十九块　　B 五十一块　　C 五十块

68. 我马上就要离开我的学校了。我在这里学习了三年，这里有我的老师，还有很多好朋友。离开他们我真的很难过。

★离开学校我觉得怎么样？

A 很高兴　　B 不高兴　　C 很担心

69. 服务员，我的菜好了吗？你看看几点了？8 点一刻了，我都来了 40 分钟了。

★我什么时候来这儿的？

A 8 点 15　　B 8 点　　C 7 点 45 分

70. 我是去年来北京学习汉语的。今年夏天我去中国的南方旅游，那儿有很多人不会说普通话，我向他们问路的时候听不懂他们说什么。

★根据这句话，我们可以知道什么？

A 这是我在中国的第二年　B 我汉语说得不好　C 我经常去旅游

三、书　写

第一部分

第 71—75 题

例如:需要　　换　　了　　眼镜　　你

　　你需要换眼镜了。

71. 她　　的　　比　　头发　　长　　我

72. 次　这　　成绩　的　　出来　终于　　了

73. 国家　　你们　从　这儿　　到　　多　　远　　有

74. 是　　这　伞　　谁的

75. 以前　　你　　完成　　10点　　吗　　能

第二部分

第 76—80 题

例如：这是中国的（lǜ 绿）茶，你觉得怎么样？

76. 您好，请问您（guì　　）姓？

77. 身体健（kāng　　）比什么都重要。

78. 你别太着（jí　　）了，可能它自己会回来。

79. 他喜欢一边（xǐ　　）澡一边唱歌。

80. 这件事情（zhǐ　　）有你和我知道。

北大版新 HSK 应试辅导丛书

新汉语水平考试 HSK(三级) 全真模拟题集

刘 云 主编

姜 安 张 治 邱金萍 张 娟 编著

北京大学出版社
PEKING UNIVERSITY PRESS

图书在版编目(CIP)数据

新汉语水平考试HSK(三级)全真模拟题集/刘云主编. —北京:北京大学出版社,2010.3

(北大版新HSK应试辅导丛书)

ISBN 978-7-301-08661-2

Ⅰ.新… Ⅱ.刘… Ⅲ.汉语—对外汉语教学—水平考试—习题 Ⅳ.H195-44

中国版本图书馆CIP数据核字(2010)第034438号

书　　名:新汉语水平考试HSK(三级)全真模拟题集

著作责任者:刘　云　主编

姜　安　张　治　邱金萍　张　娟　编著

责任编辑:贾鸿杰

标准书号:ISBN 978-7-301-08661-2/H·1416

出版发行:北京大学出版社

地　　址:北京市海淀区成府路205号　100871

网　　址:http://www.pup.cn

电子邮箱:zpup@pup.pku.edu.cn

电　　话:邮购部62752015　发行部62750672　编辑部62752028

出版部62754962

印刷者:北京大学印刷厂

经销者:新华书店

787毫米×1092毫米　16开本　9.25印张　210千字

2010年3月第1版　2010年8月第2次印刷

定　　价:38.00元(含MP3盘1张)

新汉语水平考试

HSK(三级)

全真模拟题 1

注　　意

一、HSK(三级)分三部分:

　1. 听力(40 题,约 35 分钟)

　2. 阅读(30 题,25 分钟)

　3. 书写(10 题,15 分钟)

二、答案先写在试卷上,最后 10 分钟再写在答题卡上。

三、全部考试约 90 分钟(含考生填写个人信息时间 5 分钟)。

中国　北京　　　　××××/×××××× 编制

一、听　力

第 一 部 分

第 1—5 题

A 

B 

C 

D 

E 

F 

例如：男：请问张经理在吗？　　D

　　　女：他正在开会，您半个小时以后再打，好吗？

1.

2.

3.

4.

5.

第 6—10 题

A 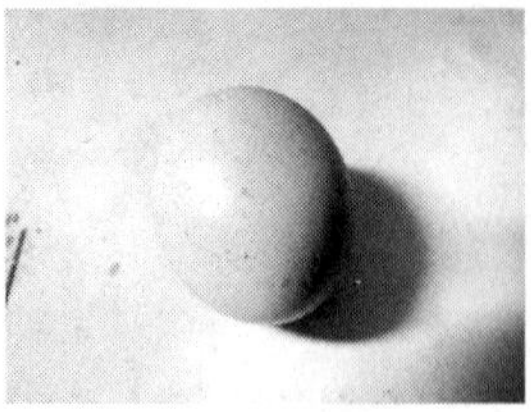

B 

C 

D 

E 

6. □

7. □

8. □

9. □

10. □

第二部分

第 11—20 题

例如：为了让自己更健康，他每天都花一个小时去锻炼身体。

★他希望自己很健康。（ √ ）

今天我想早点儿回家。看了看手表，才 5 点。过了一会再看表，还是 5 点，我这才发现我的手表不走了。

★那块儿手表不是他的。（ × ）

11. ★他现在是学生。（ ）

12. ★他妈妈要来学校看他。（ ）

13. ★张东要去帮老师搬桌子。（ ）

14. ★他们现在在公共汽车站。（ ）

15. ★小王歌唱得非常好。（ ）

16. ★他对这个房子非常满意。（ ）

17. ★他想祝老师生日快乐。（ ）

18. ★他喝茶的习惯跟中国人一样。（ ）

19. ★他爷爷经常去公园锻炼身体。（ ）

20. ★我很喜欢小狗。（ ）

第三部分

第21—30题

例如:男:小王,帮我开一下门,好吗? 谢谢!
女:没问题。您去超市了? 买了这么多东西。
问:男的想让女的做什么?
A 开门 √　　B 拿东西　　C 去超市买东西

21.　A 要　　B 不要　　C 不知道

22.　A 一直很干净　　B 以前不干净　　C 比女的房间干净

23.　A 朋友送的　　B 女的给的　　C 自己买的

24.　A 老师　　B 服务员　　C 妻子

25.　A 白色　　B 黑色　　C 红色

26.　A 图书馆　　B 书店　　C 电影

27.　A 比现在好　　B 比现在差　　C 非常好

28.　A 她害怕人多时唱　　B 她唱得不好　　C 她不会唱歌

29.　A 进房间了　　B 生病了　　C 想休息

30.　A 已经下班了　　B 他要去银行　　C 没回公司

第四部分

第 31—40 题

例如：女：晚饭做好了，准备吃饭了。
　　　男：等一会儿，比赛还有三分钟就结束了。
　　　女：快点儿吧，一起吃，菜冷了就不好吃了。
　　　男：你先吃，我马上看完了。
　　　问：男的在做什么？
　　　A 洗澡　　　B 吃饭　　　C 看电视 √

31.　A 商店　　　B 饭馆儿　　　C 水果店

32.　A 跑步　　　B 吃饭　　　C 买东西

33.　A 春天　　　B 夏天　　　C 冬天

34.　A 29　　　B 30　　　C 31

35.　A 10:30　　　B 11:30　　　C 11:00

36.　A 骑自行车　　　B 坐男的的自行车　　　C 坐出租车

37.　A 去买书　　　B 去图书馆　　　C 去书店二楼

38.　A 篮球　　　B 足球　　　C 游泳

39.　A 旅游　　　B 爬山　　　C 回家

40.　A 不喜欢　　　B 电视有问题了　　　C 去看马老师了

二、阅　读

第一部分

第41—45题

A 哪里哪里。

B 不用着急，还有半个小时呢。

C 我们先坐公共汽车，然后又换了地铁。

D 都不近。

E 是的，她们也非常热情。

F 我哪儿知道啊，自己的东西总是不知道放在哪儿。

例如：你是怎么来这儿的？（ C ）

41. 看见我的手表没有？（　　）

42. 已经十点了，你还不快点儿？（　　）

43. 你的汉语越来越好了。（　　）

44. 请问，这两条路去电影院，哪条近一点儿？（　　）

45. 我很喜欢这个饭馆儿的菜，这儿的服务员也不错。（　　）

第 46—50 题

A 你昨天什么时候上网的？

B 有星期天去北京的票吗？

C 把你的伞借我用一下，好吗？

D 你终于来了。

E 他出去了，您有什么事情吗？

46. 对不起，让你等很久了吧？ （ ）

47. 请问，张先生在不在？ （ ）

48. 洗完澡以后，上了一会儿。 （ ）

49. 可以啊。外面还下雨吗？ （ ）

50. 都卖完了。 （ ）

第二部分

第 51—55 题

A 刷牙　　B 晴　　C 杯子　　D 解决　　E 会议　　F 黄色

例如：她喝茶的（ C ）很漂亮！

51. 最近特别忙，明天我又要去参加一个（　　）。

52. 昨天我想了半天，也没想出（　　）这个问题的办法。

53. 这个行李箱不是我的，我的是（　　）的。

54. 明天天气和今天一样，也是（　　）天，我们去爬山吧。

55. 医生，我今天早上（　　）的时候觉得牙很疼，请帮我看看。

第 56—60 题

A 张　　B 爱好　　C 新闻　　D 最　　E 把　　F 票

例如：A：你有什么（ B ）？

　　B：我喜欢体育。

56. A：今天报纸上有什么重要（　　）？

B：我今天没看。

57. A：要不要我帮你去买音乐会的（　　）？

B：好啊，谢谢你。

58. A：能不能（　　）你的照相机借给我用用？

B：对不起，我女朋友带到北京去了。

59. A：你喜欢什么动物？

B：我觉得熊猫（　　）可爱了。

60. A：这（　　）照片上的女孩真漂亮，她是谁啊？

B：是我的一个同事。

第三部分

第 61—70 题

例如：您是来参加今天会议的吗？您来早了一点儿，现在才八点半。您先进来坐吧。

★会议最可能几点开始？

A 8 点　　B 8 点半　　C 9 点 √

61. 我们班的张东比我高，但是他跑得没我快。小马比张东还高，但是跑得还没张东快。

★谁跑得最快？

A 张东　　B 我　　C 小马

62. 来中国 4 个月了，我还不习惯这儿的天气。这儿吃的东西我也不太喜欢。但是我住的房间还可以，很大也很干净。

★我对什么比较满意？

A 天气　　B 吃的东西　　C 房间

63. 最近我身体不太好。昨天去医院，医生说我需要多休息，可以多吃一些新鲜水果和鱼。妈妈知道后非常担心我。

★我妈妈担心我什么？

A 健康　　B 休息的时间多不多　　C 水果新鲜不新鲜

64. 小李非常努力，昨晚十一点我给他打电话，他说他在看书。我让他周末跟我一起去踢足球，他也不愿意去。

★小李是个什么样的人？

A 学习认真　　B 不喜欢运动　　C 睡觉很早

65. 我是去年离开那家公司的，然后就到这家宾馆做服务员。我希望有一个自己的饭馆儿。

★我现在可能在哪儿上班？

A 公司　　B 宾馆　　C 饭馆儿

66. 我最想在节日里结婚，朋友、同事都能来，这多好啊。

★我可能会选择下面什么时候结婚？

A 新年　　B 周末　　C 生日

67. 有一年夏天我去一个中国朋友家。我是第一次见到她的爸爸、妈妈和哥哥。他们都很热情。喝茶的时候，她哥哥问我："你多大了？"我听了以后，脸马上红了。

★我为什么脸红？

A 天气热　　B 不好意思　　C 喝酒了

68. 小李是一家公司的经理，工作特别忙，经常去国外。他妻子把家人照顾得很好。小李在外面很放心。

★小李的爸妈和孩子在家怎么样？

A 很忙　　B 很累　　C 很好

69. 我的汉语是到北京学的，现在有了很大提高，我还想多了解中国的文化和历史，所以还要再学一年。

★我什么时候开始学汉语的？

A 来中国以前　　B 来中国以后　　C 一年以后

70. 太热了，电梯坏了，我只能爬上来，你快把空调打开吧。

★我现在可能在哪里？

A 山上　　B 路上　　C 楼里

三、书　写

第一部分

第 71—75 题

例如：小船　上　一　河　条　有
　　河上有一条小船。

71. 蛋糕　去　我　超市　买

72. 前面　出租车　辆　两　出现　突然

73. 名字　你　在　写　这儿　把

74. 书　老师　被　走　拿　了

75. 晚上　没有　今天　月亮

第二部分

第 76—80 题

例如：没（guān 关）系，别难过，高兴点儿。

76. 他（kū　　）了，都是你的错。

77. 校长坐在我们中（jiān　　）。

78. 这个字我不认识，借我用一下你的字（diǎn　　）。

79. 我想买一斤（xiāng　　）蕉。

80. 今天我家里来了一个（kè　　）人。